Eat Me

DIE perfekte TAFEL

CAROLINE CLIFTON-MOGG

FOTOS SIMON UPTON

DIE perfekte TAFEL

DESIGNER DECKEN DEN TISCH

CHRISTIAN VERLAG

Kaum etwas macht mehr Freude, als gemütlich um einen Tisch herumzusitzen, etwas Leckeres zu essen und bei dem einen oder anderen Getränk die vergnügliche Gesellschaft interessanter Menschen zu genießen. Auf die sympathischen Tafelrunden überall in der Welt!

Unser Verlagsprogramm finden Sie unter **www.christian-verlag.de**

Übersetzung aus dem Englischen: Trudie Trox
Textredaktion und Satz: Annika Preyhs für Buchgestaltung +
Korrektur: Dr. Michael Schenkel
Umschlaggestaltung: Caroline Daphne Georgiadis, Daphne Design

Alle Angaben in diesem Werk wurden von der Autorin sorgfältig recherchiert und auf den aktuellen Stand gebracht sowie vom Verlag geprüft. Für die Richtigkeit der Angaben kann jedoch keinerlei Haftung übernommen werden. Für Hinweise und Anregungen sind wir jederzeit dankbar. Bitte richten Sie diese an:
Christian Verlag
Postfach 400209
80702 München
E-Mail: info@christian-verlag.de

Die Originalausgabe mit dem Titel *Set with Style* wurde erstmals 2008 im Verlag Jacqui Small, einem Imprint von Aurum Press Limited, 7 Greenland Street, London NW1 0ND, veröffentlicht.

Fotos: Simon Upton
Design: Maggie Town
Location researcher: Nadine Bazar

Printed in Singapore by Star Standard Industries (Pte) Ltd.

Die Deutsche Bibliothek – CIP-Einheitsaufnahme
Ein Titeldatensatz für diese Publikation ist bei der Deutschen Bibliothek erhältlich.

ISBN 978-3-88472-929-8

Dieses Buch entstand in Zusammenarbeit mit Thomas Goode.

Inhalt

Einleitung 6

Den Tisch decken 8

Tafelgeschichten 12

Etikette und Tischsitten 14

Kulturelle Unterschiede 16

Das kleine Einmaleins des Tischdeckens 18

Essplätze 20

Kaleidoskop der Stile 22

Formell-festlich 26

Zeitgenössisch 33

Romantisch 39

Klassisch 46

Ethno 50

Sammlerstücke 58

Retro 62

Ländlich 66

Mahlzeiten 76

Frühstück 80

Mittagessen 87

Nachmittagstee 92

Dinner 96

Essen im Freien 104

Anlässe 118

Familie und Freunde zu Gast 122

Elegante Diners 130

Büfettpartys 134

Festtage 142

Dekoration 154

Tische und Stühle 158

Tischwäsche 160

Geschirr 164

Glas und Gläser 168

Besteck 172

Licht 176

Blumen 178

Weitere Dekorationen 182

Adressen 184

Register 190

Bildnachweis · Danksagung 192

Einleitung

Es war immer schon ein Zeichen von Großzügigkeit, Essen mit anderen zu teilen. Einen schönen Rahmen dafür gestalten zu wollen, einladend und interessant, drückt besondere Wertschätzung aus.

Es mag überraschend klingen, aber jeder ist in der Lage, einen großartigen Tisch zu decken. Es geht Ihnen locker von der Hand, auch wenn Sie es nicht immer realisieren. Wann immer Sie einen Tisch decken, und sei es nur für eine alltägliche Mahlzeit wie das Frühstück am Wochenende oder ein Abendessen in der Küche, jedes Mal entscheiden Sie unwillkürlich über den Stil des Tisches. Sie nehmen die blauen Sets anstatt der karierten, weil sie schöner zu Ihrem weißen Geschirr passen. Oder Ihre Wahl fällt auf die antiken Kerzenleuchter, da sie so hübsch neben den alten Kristallgläsern wirken. Oder die rote Tischdecke liegt bereits auf dem Tisch, und daher nehmen Sie ganz instinktiv das passende Keramikgeschirr aus dem Schrank. Tag für Tag zeigt sich Ihr persönlicher Stil, und manchmal müssen wir diesen nur ein wenig verfeinern, einige kreative Ideen und Inspirationen aufgreifen und unserer Situation entsprechend umsetzen.

Genau an diesem Punkt kommt dieses Buch ins Spiel. Einen Tisch zu gestalten ist zweifellos eine überaus reizvolle, fast vergnügliche Form des Interior Design. Daher haben wir einige international bekannte Topdesigner und Innenarchitekten gebeten, Tische in ihrem Stil für uns zu gestalten, und zwar für die unterschiedlichsten Anlässe, ob leger oder festlich. Wir stellen eine Reihe von Stilrichtungen vor, vom französischen Landhausstil bis hin zum klassisch-eleganten Stil, werfen einen Blick auf fernöstliche Gepflogenheiten und zeitgenössische Trends und zeigen Ihnen Fotoporträts von Tischen zu jedem Anlass, sei es das private Frühstück oder die grandiose Tafel zum Geburtstagsfest.

Vor allem eines haben wir von den kreativen Köpfen gelernt, die uns einen Einblick in ihr Schaffen gewährten. Kreativität und Fantasie zeigen sich in der Auswahl der Grundelemente für die Tischgestaltung wie Geschirr, Gläser, Besteck und Tischwäsche und dann in deren Kombination zu einem inspirierten Ganzen. Und dann haben wir etwas noch viel Wichtigeres gelernt: Eine fabelhafte Tischdekoration ist nicht eine Sache des Geldes oder der überquellenden Schränke. Weit mehr kommt es auf Planung und Sorgfalt an, denn dadurch schaffen Sie einen einladenden, gastfreundlichen und opulenten Tisch – und nichts Besseres können Sie Ihren Gästen bieten.

UNTEN Ein Tisch der Gegensätze. Rumi Verjee kombinierte ein opulent vergoldetes Tafelgeschirr, silberne Wasserbecher und zwei antike goldene Kerzenleuchter mit künstlerisch extravaganten Tischsets und einer Vase, die fast wie ein Stück Vulkangestein wirkt.

DEN TISCH DECKEN

LINKS Besonders gern setzt man sich an einen klassisch gedeckten Tisch, bei dem jedes Detail – hier sehr hübsch das Arrangement einzelner Blüten – sorgsam gestaltet wurde. RECHTE SEITE Eine perfekte, opulente Tischdekoration wird immer einladend wirken. Seit dem 18. Jahrhundert ist es auch in bürgerlichen Kreisen Tradition, einen gehobenen Lebensstandard auch bei informellen Mahlzeiten zum Ausdruck zu bringen: mit Kerzen, Wein und feinen Speisen auf einem edlen Tisch. VORHERGEHENDE SEITEN Der Tisch, den Tricia Foley in ihrem Haus in Long Island vorbereitet hat, wirkt wie alle gelungenen Tische großzügig und verheißt mit Kleinigkeiten ein feines Mahl.

Tafelgeschichten

Während des Mittelalters war in europäischen Haushalten die gemeinschaftliche Mahlzeit nicht nur alltäglich, sondern sehr bedeutsam, denn sie bekräftigte die Beziehung zwischen dem Herrn des Hauses und seinem Gesinde. In einer Art Wohnhalle stand eine lange Tafel; je nach Rang und Wohlstand des Gastgebers gab es auch zwei Tische: den »oberen« für die wichtigsten Mitglieder der Hausgemeinschaft und einen »niederen« für die übrigen.

Die Mahlzeit bestand aus gebratenem Fleisch und kleineren Gerichten, die man mit der Hand aß, wobei sich jeder vom Braten mit dem eigenen Messer bediente. Aus dem kräftigen Stück Brot als Unterlage entwickelte sich im Laufe der Zeit der Teller aus Holz oder Zinn. Den Löffel, entstanden aus einer kleinen Schüssel an einem stielförmigen Griff, benutzte man gleichzeitig mit dem Messer oder der Hand. Eigentlich noch ein Neuling am Tisch ist die Gabel, die über die Jahrhunderte nach kurzem Auftauchen mehrfach als bloßer Firlefanz einer Gerätschaft wieder verbannt wurde. Erst im

17. Jahrhundert fand die dreizinkige Gabel Verbreitung und wandelte sich allmählich zu dem Essgerät mit vier Zinken, wie wir es heute benutzen.

Von jeher waren die Speisen zu Festlichkeiten und Banketten köstlicher als das alltägliche Mahl. Im 18. Jahrhundert bevorzugte man zu diesen Anlässen den *Service à la française,* um die Gerichte bei einer Abendeinladung zu präsentieren und zu servieren. Die Speisen wurden dabei in mehreren Serien aufgetragen. Im Speisesaal empfing die Gäste nicht nur ein mit Leuchtern, Salzfässchen und allerlei Ziergerät glanzvoll gedeckter Tisch, sondern die Tafel ächzte förmlich unter der Last der Speisen. Um einige zentrale Gefäße waren kunstvoll kleinere Gerichte arrangiert ebenso wie am Rand der Tafel diverse Hors d'œuvres – was hier wörtlich als »außerhalb des Hauptwerks« zu verstehen ist. Den ersten Gang bildeten eine Suppe, einige Stücke Fleisch und Vorspeisen. Auf diese Präliminarien folgte meist die nächste kulinarische Woge, die wirklich großen Gerichte wie Braten und gemischte Platten, begleitet von Salaten, Gemüsen, ja sogar Gelees und Eis. Die Gelees aber waren noch keinesfalls der Nachtisch: Das Dessert, eine Auswahl feinsten Zuckerwerks, kam separat. Man erwartete nicht, wie häufig angenommen, dass die Gäste von allen Gerichten kosteten, sondern dass sie sich von dem in ihrer Nähe Gebotenen bedienten.

Während der 1830er-Jahre kam eine neuartige Form des Servierens, der *Service à la russe,* in Mode. Anstatt die gesamte Pracht der Speisen auf einmal aufzutischen, wurde nun jeder Gang einzeln zelebriert, und am Tisch reichte man die Schüsseln und Platten von einem Gast zum nächsten. Diese Art des Tafelns hatte zur Folge, dass nun auf den Tischen mehr Platz zur Verfügung stand. Im späten 19. Jahrhundert füllte man diesen mehr und mehr mit extravaganten Blumenarrangements, die sich über die ganze Länge der Tische als florale Kaskaden ergossen. Die festlichen Tafeln boten ein einzigartiges Bild, und wenn wir uns in heutiger Zeit sowohl aus praktischen als auch stilistischen Gründen für weit schlichtere Ensembles entscheiden, so ist es doch faszinierend, welch üppige Ursprünge unsere Drei-Gänge-Tischkultur hat.

LINKE SEITE Dieser antike Tisch mit passenden dunklen Holzstühlen vermittelt die Tradition des festlich-geselligen Speisens und überrascht dennoch mit ausgefallenen Akzenten: den rustikalen Tontellern etwa und der Sammlung von allerlei mit Muscheln verzierten Objekten.

RECHTS Auf der feinen Oberfläche dieses Holztisches verbinden die Gedecke Altes mit Neuem: antike, im irischen Stil geschliffene Gläser, blauweiße Zwiebelmusterteller neueren Datums und raffinierte Platzteller mit gebogtem Rand.

LINKS Eine Tischdekoration in Schwarz und Weiß ist immer apart, insbesondere wenn sie einen spiegelnden Lucite-Acrylglastisch schmückt. Selbst die Blumen fügen sich in die strenge Symphonie der Designerin Sally Sirkin Lewis.

RECHTE SEITE Peri Wolfman gestaltete diesen höchst eleganten Tisch. Er zeichnet sich durch die reine, klare Form und das konsequente Design aus: weiße Blumen, weißes Porzellan mit einem türkisen Akzent, weiße Kerzen. Überraschendes Detail: Die Reihe der weißen Stühle auf jeder Seite unterbricht ein einzelner schwarzer!

Etikette und Tischsitten

In der zivilisierten Gesellschaft waren Tischsitten immer von Belang, und bereits im Mittelalter verfasste man Abhandlungen darüber. Die meisten westlichen wie östlichen Kulturen legen Wert auf persönliche Sauberkeit und die Rücksichtnahme auf den Nachbarn. Doch es gab durchaus Zeiten, als gesittetes Benehmen geradezu zur Obsession wurde, wie etwa zur Regierungszeit Ludwigs XIV. Der Kodex der Etikette am Hof von Versailles war derart komplex, dass man sogar verbannt werden konnte, weil man in Gesellschaft gegen ein winziges, unerklärliches Detail des Regelwerks verstoßen hatte.

In allen Kulturkreisen und zu allen Zeiten war und ist es ein Thema, wann beim Essen die Hand zu Hilfe genommen werden darf. In Europa etwa gehören Artischocken zu den Gemüsen, die mit den Fingern gegessen werden dürfen, nicht aber Lauch oder Karotten.

Im angelsächsischen Kulturraum beschrieb die im Mittelalter gebräuchliche Redewendung »seated above/below the salt« die Platzierung eines Gastes an der Tafel oberhalb oder unterhalb des Salzgefäßes in der Mitte. So kostbar wie das Würzmittel, war das meist offene Gefäß aus Silber oder sogar Gold. Jene von Rang und Namen saßen oberhalb des Salzgefäßes in Richtung des Hausherrn, die weniger Geachteten am unteren Ende der Tafel.

Nicht nur die Sitzordnung, auch die Sitzgelegenheiten an sich waren einst bedeutsamer Punkt der Etikette. Die Griechen und Römer der Antike saßen weniger bei ihren ausgedehnten, üppigen Gelagen – das Wort allein erklärt einiges. Vielmehr streckten sie sich auf flachen Liegen aus. Es war ehernes Gebot, dass alle in dieselbe Richtung blickten, den linken Ellbogen aufgestützt, und so die Gespräche wie die Speisen in einer einzigen harmonischen Richtung verliefen.

Später dann im Mittelalter saßen die Mitglieder des Adels oft auf Stühlen unter Baldachinen, um ihre gehobene soziale Stellung zu unterstreichen, ganz wie in William Hogarths Gemäldezyklus »Marriage à la Mode« (1743) dargestellt.

Am Hofe Ludwigs XIV. in Versailles spiegelte dieses extreme hierarchische Denken die Tatsache wider, dass bei Tisch nur der König auf einem Stuhl mit Armlehnen Platz nehmen durfte, während die anderen ihrem Rang gemäß auf Hockern saßen.

Heutzutage haben bei einem klassischen Satz von Esstischstühlen meist nur zwei Armlehnen, und diese sind bei einer Einladung in der Regel Gastgeber und Gastgeberin vorbehalten. Auch dies ist ein Überbleibsel der Gepflogenheiten von einst.

Kulturelle Unterschiede

Die Tischsitten anderer Länder mögen noch so unlogisch und unwägbar erscheinen, die schiere Höflichkeit gebietet, sie zu respektieren. Sosehr sie in Einzelheiten voneinander abweichen, so sehr gleichen sich im Großen und Ganzen die Gepflogenheiten bei Tisch in den unterschiedlichen Kulturen. Immer schätzt man ein gepflegtes Auftreten höher als ein allzu lässiges Äußeres und zu saloppes Benehmen. Überall herrscht ferner Übereinstimmung, geht es um Großzügigkeit und Gastfreundlichkeit gegenüber den Gästen.

In jedem Kulturkreis brachte man Messer in Verbindung mit Gewalt. Daher werden sie im Westen mit der Schneide zum Teller hin gedeckt, Reminiszenz an die Zeiten, als diese – mit gefährlich scharfen Klingen – bei der Jagd benutzt wurden und einem Angriff dienen konnten. Aus demselben Grund wird das Messer am Ende eines Ganges oder der Mahlzeit in die Mitte des Tellers gelegt, sodass es nicht auf den Nachbarn deutet und nicht als Bedrohung ausgelegt werden kann.

Während in Europa Messer und Gabel zusammen zum Schneiden und Essen der Speisen benutzt werden, dient in Amerika das Messer lediglich zum Zerkleinern. Es wird dann beiseitegelegt und nur die Gabel zum Essen

UNTEN LINKS Die Gestaltung eines modernen Tisches kann sich an verschiedenen Kulturen orientieren. John Pawson designte diese doppelseitig verwendbaren Teller und das Besteck mit einem Messer, das auf seinem Griff steht, die Klingenkante nach unten gerichtet.

UNTEN RECHTS Blickfang dieses wunderbar eleganten Tischgedecks sind die Speiseteller mit einem abstrakten Dekor nach einem Muster von Reed Krakoff für das Modelabel Coach. Eine europäische Note verleihen dem Gedeck das klassische Besteck von Puiforcat und Baccarat-Gläser.

UNTEN LINKS Neue Ideen präsentiert der Designer Voon Wong mit diesem Set von Tellern und vor allem mit den raffinierten Beistelltellerchen. Diese können sowohl für Gewürze als auch für Beilagen ganz unterschiedlich und variabel genutzt werden.
UNTEN RECHTS Dieser Tisch präsentiert sich als reizvoller Mix verschiedenster Stile und Epochen, Kulturen und kontrastierender Farben, ein Ensemble mit einer cleveren fernöstlichen Note durch die indischen Armbänder, die als schmucke Serviettenringe fungieren, und dem aufwendig mit Intarsien verzierten Stuhl.

verwendet. In der Tat hält man in einigen Ländern die Gabel nicht nur für unhandlich, sondern auch für unhygienisch und zieht es vor, mit den Händen zu essen beziehungsweise nur mit einer Hand, und zwar immer mit der rechten! Ähnlich hält man in China, Japan und all jenen Ländern, in denen Stäbchen benutzt werden, diese in der rechten Hand. Nie sollte man sie senkrecht in einer Schüssel stecken lassen, denn damit ähneln sie den Räucherstäbchen, die den Verstorbenen geopfert werden.

Nicht überall sitzt man gemeinsam um einen Tisch. In vielen Ländern nimmt man auf dem Boden Platz und bekommt die Speisen auf kleinen Tabletts gereicht oder isst von kleinen Einzeltischen. Chinesische Tische sind rund oder quadratisch, selten oval oder länglich, wie wir sie im Westen bevorzugen. In der Antike lagen die Männer beim Essen seitlich auf Sofas, was gewiss einiges an körperlichem Training erforderte, ehe man diese Position als bequem empfand.

Zweifellos besteht eine Unzahl von Unterschieden in den Ess- und Tischsitten zwischen den Kulturkreisen und sogar innerhalb der einzelnen Länder. Aber es gibt nur ganz wenige Gepflogenheiten, die sich nicht mit ein wenig Einfühlungsvermögen für den Gastgeber überwinden ließen!

LINKS Inbegriff höchster Eleganz: der mit allen Finessen gedeckte Tisch für ein großartiges Diner. Die zartvioletten Gläsersets, dazu die farblich abgestimmten Servietten und die edlen Kristallkaraffen versprechen ein Tafelereignis von erstem Rang.

RECHTE SEITE
OBEN LINKS Das klassische Tischgedeck mit dem kleinen Brotteller, mehreren Gläsern und Besteck in der adäquaten Anordnung ist unschlagbar, denn alles liegt oder steht so, dass man es bequem nutzen kann.
OBEN RECHTS Auch ein Essen im Freien ermöglicht eine klassische Tischgestaltung. Marianne Pellerin hat hier nach französischer Manier einen Tisch gedeckt, der leicht, ruhig und modern wirkt.

Das kleine Einmaleins des Tischdeckens

Die heute gängige Art des Tischdeckens hat ihren Ursprung in den förmlichen Banketten früherer Jahrhunderte, nur dass man mittlerweile einen schlichteren Stil pflegt. Das Grundprinzip ist logisch: Zu beiden Seiten des Tellers liegt das Besteck, und zwar von außen nach innen angeordnet entsprechend der Reihenfolge, wie es benutzt wird – die Messer rechts, die Gabeln links. Für ein Menü mit Suppe, Hauptgang und Dessert liegt also neben dem Teller rechts zuäußerst der Suppenlöffel, daneben das Messer, die Schneide zum Teller gerichtet, und der Dessertlöffel. Auf der linken Seite folgt auf die Gabel für den Hauptgang die Dessertgabel, die Zinken jeweils nach oben weisend.

Wird als erster Gang anstatt der Suppe ein Hors d'œuvre gereicht, liegt ganz rechts außen ein kleines Messer und ganz links die Vorspeisengabel. Um endlose Reihen von Besteck zu vermeiden, liegen in solch einem Fall oberhalb des Tellers Löffel und Gabel für die Nachspeise, der Löffel oben mit dem Griff rechts, das Gäbelchen in umgekehrter Richtung neben dem Teller. Das Brotmesser wird auf den Brotteller gelegt. Wird Fischbesteck aufgelegt, muss es entsprechend dem Gang mit Fisch platziert werden. Die Gläser werden rechts oberhalb des Tellers angeordnet, ebenfalls in etwa in der Reihenfolge, wie man sie benutzt: der Hand am nächsten das Wasserglas, dahinter das Weißweinglas gefolgt vom Rotweinglas. Für ein alltägliches Essen mit nur einem Gang platziert man Messer und Gabel zu beiden Seiten des Tellers, Dessertlöffel und -gabel oberhalb.

In Frankreich werden bei einem formellen Essen die Gabeln mit den Zinkenspitzen nach unten und die Löffel mit der gewölbten Seite nach oben gedeckt. Benutzt man nur ein einziges Messer, kann es zwischen den Gängen auf kleinen Messerbänkchen abgelegt werden. Für ein asiatisches Essen, insbesondere ein chinesisches, platziert man die Stäbchen rechts vom Teller, die Spitzen auf einer kleinen Unterlage ruhend. Die Reisschale wird oberhalb des Tellers auf der linken Seite abgestellt, eine Schale für Tee neben kleinen Behältnissen für Saucen rechts.

Ein japanisches Gedeck richtet sich ganz nach der Art des Gerichts, da der Anlass und die Jahreszeit in der Regel in die traditionelle japanische Speisenzubereitung einfließen, wo Struktur, Form und Farbe so bedeutend sind wie der Geschmack. Zu den Basics jedoch gehören eine Reisschale auf der linken Seite des Gedecks und eine Suppenschale mit Deckel auf der rechten. Ein kleiner Teebecher für Saucen steht hinter der Suppenschale.

OBEN LINKS East meets West. Der Stil unterschiedlichster Kulturen lässt sich in leichter und reizvoller Art kombinieren. Hier haben die klassischen Elemente eines asiatischen Gedecks, die Essstäbchen wie die Schälchen, ihren traditionellen Platz.

OBEN RECHTS Mühelos lassen sich verschiedene Stilrichtungen und Epochen auch in einem förmlichen Tischgedeck vereinen. Wichtig ist, dass der Gast alles handlich vor sich hat. Exaktheit in der Anordnung der Einzelteile ist der Schlüssel zur Harmonie.

OBEN LINKS Immer mehr Menschen nehmen ihre Mahlzeiten in einem multifunktionalen Raum ein, in dem der Esstisch auf die übrige Einrichtung abgestimmt ist. Schön, wenn auch die Tischgestaltung zum Stil passt.

UNTEN LINKS Im Sommer ist eine Terrasse der ideale Platz für eine Mahlzeit. Diese liegt an der Südseite eines Hauses in Südfrankreich, sodass man einen Sonnenschutz benötigt, um ein Essen um die Mittagszeit genießen zu können. Carolyn Quartermains leichte, handbemalte Vorhänge eignen sich wunderbar dafür.

OBEN RECHTS Ist ein Essen auf einer Terrasse mit Blick auf den Atlantik überhaupt zu übertreffen? Vicente Wolf frühstückt hier jeden Morgen, wobei er ganz unkompliziert die Utensilien auf kleinen Tischen arrangiert.

UNTEN RECHTS Küchen sind heute weit mehr als nur Orte der Speisenzubereitung, sie laden zu geselligem Dinieren ein, die Gäste werden in den Prozess des Kochens einbezogen oder tragen zur Unterhaltung bei. Dennoch sollte die Tischgestaltung so sorgfältig wie in einem anderen Raum sein.

Essplätze

Noch vor nicht allzu langer Zeit gelangte das Speisezimmer als Raum für den Empfang der Gäste zu architektonischen Ehren. Gefrühstückt wurde vielleicht in der Küche an einem kleinen Tisch, den Tee nahm man im Salon, aber zu Mittag und zu Abend aß man im Speisezimmer, bei Einladungen servierte das Personal aufwendig.

Allmählich jedoch verlor das Speisezimmer seine Bedeutung, erstrahlte nur noch bei Einladungen und speziellen Anlässen. Dafür trat die Küche in den Vordergrund, mit dem Ergebnis, dass viele Häuser heute große Wohnküchen haben und kein eigenes Esszimmer mehr. Umso wichtiger wird es daher, den Essplatz so sorgfältig und einladend wie möglich zu gestalten.

Nur wenige der in diesem Buch abgebildeten Tische stehen in regelrechten Esszimmern, einige in einem Teil des Wohnzimmers, andere in der Küche, wieder andere an ganz besonderen Plätzen oder dort, wo es der Köchin gerade gefiel, auch in Eingangspassagen oder großartigen Salons. An manchen Tischen wird nur gegessen, einige dienen außerhalb der Mahlzeiten aber auch anderen Zwecken, und ein Satz kleiner Tische kann ganz verschieden genutzt werden.

Auf die Frage nach dem idealen Essplatz gibt es keine Patentantwort. Vielmehr zeigt sich bei allen Beispielen, dass Flexibilität im gemeinsamen Nenner steht und Querdenken der Schlüssel zu den schönsten Lösungen ist.

OBEN RECHTS Längst gibt es nicht mehr so viele elegant-förmliche Speisezimmer wie früher, doch für besondere Anlässe ist kein edlerer Rahmen vorstellbar.

RECHTS Eine moderne Variante des kleinen informellen Essens: In ihrem Appartement deckte Sally Serkin Lewis – passend zu den Sesseln im Zebramuster – den eleganten Acryltisch nach allen Regeln der Tischkunst, aber mit leichter Hand.

KALEIDOSKOP DER STILE

Die Möglichkeiten, einen Tisch zu gestalten, sind so zahlreich wie die Menschen, die dies tun. Dabei richtet sich unser Geschmack sehr nach unserer Herkunft, unseren Vorlieben und Abneigungen, unserem Lebensstil.

Die »korrekte« Form des Tischdeckens entwickelte sich über die Jahrhunderte, und gegen Ende des 18. Jahrhunderts hatte sich ein Standard manifestiert, der Serviette, Teller, Messer, Gabel, Löffel und Trinkbecher für jeden Gast vorsah. Ein Jahrhundert danach gab es für größere Einladungen und Bankette eine formelle Fassung davon, mit verschiedenen Bestecken für Fisch, Obst, Käse etc. und einer ganzen Reihe von Gläsern für den Champagner ebenso wie für Wasser, Wein, Brandy und Sherry. Das Speiseservice umfasste Suppen-, Speise- und Beilagenteller, Teller für den Nachtisch und zu den einzelnen Gängen die passenden Servierschüsseln und -platten. Aus dieser reichhaltigen Tischgestaltung hat sich unsere Art des förmlichen Deckens entwickelt, wenngleich der Stil heute leichter wirkt, das Auge weniger verwirrt und den Tisch nicht überlädt.

Gewissermaßen haben alle Formen der Tischdekoration die gleiche Basis, und informell bedeutet lediglich weniger förmlich als die klassische Tafel. Varianten gibt es so viele, wie Ihre Fantasie sie kreiert und die unterschiedlichsten Anlässe sie erfordern. Die Tischkultur des 21. Jahrhunderts ist entspannter als vor 100 Jahren, und nicht eine Art zu decken ist die allgemeingültige. Der Anlass und der Ort, Ihre Gäste und das Menü, all diese Faktoren können Ihnen helfen zu entscheiden, welche Ihrer Ideen Sie in die Tat umsetzen wollen.

RECHTE SEITE Eine eklektische Vielfalt an Formen und Stilen, von der englischen Majolikavase über gebogene farbige Gläser bis hin zur kunststoffüberzogenen Blumendecke, ist hier gekonnt zu einer modernen, zwanglosen Tischdekoration kombiniert.

VORHERGEHENDE SEITEN Peri Wolfman benutzt Tische auf Rollen, die mühelos zu einer Tafel für viele Gäste zusammengestellt werden können. Bei den Stühlen entschied sie sich für die Serie 7 von Arne Jacobsen in verschiedenen, aber allesamt neutralen Farben, um beliebig kombinieren zu können.

Formell-festlich

Ob traditionell oder modern, die formelle Art des Tischdeckens folgt immer einem gewissen Kanon von Regeln bei der Anordnung der Gedecke und dem Servieren der Speisen.

LINKS Das moderne, geradezu minimalistische Interieur in Rumi Verjees Haus in London ist die ideale Bühne für seine luxuriös-eklektischen Tischarrangements.
DIESE SEITE Rumi Verjee setzt auf Kontraste. Hier hat er feine Suppentassen aus Nymphenburger Porzellan – das Dekor ganz im Stil des 19. Jahrhunderts – mit Serviertellern aus getriebenem Edelstahl kombiniert. Auf den modernen rechteckigen Brottellern von Swaya & Moroni liegen karierte Servietten. Als zentralen Blickfang dekorierte er Meissener Porzellanschwäne neben avantgardistischen Kerzenleuchtern.

REICHTUM DER TRADITION 1827 gegründet, ist das altehrwürdige Geschäft der Porzellanfirma Thomas Goode in London berühmt für prächtig gedeckte Tische. Daher erstaunt es nicht, dass Vorstandschef Rumi Verjees ganze Liebe schönem Geschirr gehört.

Sein modernes Haus im Londoner Stadtteil Notting Hill liefert die Kulisse für etliche seiner Tafelexperimente. Schlicht in Design und Dekor, wirkt es dennoch elegant – und Verjees Tische spiegeln genau diesen Stil wider. Der Porzellanfan ist ein begeisterter Gastgeber. Für ihn müssen sich die Speisen und die Art der Tischgestaltung zu einem Ganzen ergänzen. Das Bild, das er kreiert, kennzeichnen eine strenge Linie wie auch Elemente der Fülle, eine heikle Kombination, die nur sehr schwer umzusetzen ist. »Für mich«, sagt er, »muss ein Tisch ein Fest für Augen und Magen sein.« Also tischt er einfache, bestens zubereitete Gerichte auf – in der Szenerie eines komplexen und raffinierten Tischarrangements. Für Rumi Verjee und den Designer Goran Svilar, mit dem er eng zusammenarbeitet, gibt es nichts zu Überzogenes. Jedes Element hat seine Berechtigung

RECHTS Ein raffinierter Schlussakzent: Der Nachtisch wird auf einem Satz von »Adam und Eva«-Tellern aus der Fornasetti-Kollektion serviert. Diese wiederum stehen auf denselben getriebenen Stahltellern, die als Platzteller bereits die Vorspeise begleiteten. Ihr Glanz findet sein Pendant in den vergoldeten Portweinpokalen und einem höchst kostbaren antiken Set einer vergoldeten Tee- und Kaffeekanne mit passendem Milchkännchen.

»Bei einem Tisch liebe ich Überraschungen, das Bild, das beständig wechselt.«

LINKS Beim Gedeck für das Hauptgericht bilden in ihrer Form sehr klare, durch den perforierten Rand extravagant wirkende Porzellanteller von Hering einen spannenden Gegensatz zu den kostbar vergoldeten Gläsern von Moser und dem Puiforcat-Besteck. Das neutrale Schiefergrau der Tischoberfläche harmoniert mit allen Gedeckvariationen, die Rumi Verjee hier realisierte.

durch seine individuelle Schönheit, solange jeder Aspekt des Ganzen seinen Kontrapunkt hat – das Üppige durch das Schlichte, das Zarte durch das Kräftige. »Mir macht es Spaß, einen eklektischen Mix von Alt und Neu zu schaffen«, ein Prinzip, dem er etwa folgt, wenn er bezaubernd schöne Suppentassen mit Deckel aus dem 19. Jahrhundert mit kompromisslos modernen, reinweißen Tellern und großen Serviertellern aus getriebenem Metall kombiniert.

Keineswegs erstaunt es, dass Rumi Verjee alles Mittelmäßige hasst und gutes Handwerk schätzt. Mit gutem Grund ist Thomas Goode bekannt für die exzellente Qualität der Produkte, und sein Vorstandschef schätzt die Schönheit eines Schwans aus Meissener Porzellan ebenso wie einen schwungvollen modernen Silberleuchter – beide dekoriert er gleichzeitig auf einem Tisch. Auch kombiniert er mit Begeisterung extravagante Sets, die ein zeitgenössischer Maler aus dem Londoner East End gestaltet hat, zusammen mit einem Kristallleuchter aus dem 18. Jahrhundert. Rumi Verjee nutzt den Tisch als Bühne für ganz unterschiedliche und hinreißend schöne Objekte – so bezaubernd, dass sie Thema des Gesprächs werden. »Bei einem Tisch liebe ich Überraschungen«, sagt er, »das Bild, das beständig wechselt.« Die Struktur der Materialien ist für ihn gleichfalls wichtig, angefangen von der Art der Tischoberfläche bis zum Geschirr selbst. »Ich verwende beispielsweise ein entzückendes japanisches Keramikgefäß und platziere es vor einem spiegelnden Silberobjekt.«

Aber als perfekter Gastgeber zählt für ihn die Tischgesellschaft am meisten. »Mir ist wichtig, dass sich meine Gäste wohlfühlen. Das ist das A und O für jeden Tisch.«

MEDITERRANE ELEGANZ Die französische Designerin Nicolette Schouten liebt und pflegt einen formellen Stil, traditionell, aber dennoch natürlich in seiner Anmutung.

Nicolette Schouten hat in ihrem Haus die Möglichkeiten geschaffen, jede Anzahl von Gästen in jeder Art zu bewirten. Zwar stehen die meisten Tische im Garten, doch im Haupthaus hat sie ein elegantes Speisezimmer für ebenso elegante Essen. »Wenn wir hier essen«, sagt Nicolette, »dann gefällt es mir, wenn jedes Detail stimmt und der Tisch ganz klassisch eingedeckt ist. Es ist eine wunderbare Abwechslung und so ausnehmend angenehm, hier zu sitzen.«

Die bequem gepolsterten Stühle mit der hohen Rückenlehne, die opulenten, bodenlangen Seidenvorhänge und der wundervoll gedeckte Tisch, das Porzellan, die Messer mit den Silbergriffen und das makellos weiße Tischtuch erfreuen die Gäste. Fast in Augenhöhe strahlt der Lüster und reflektiert das flackernde Licht der Kerzen in silbernen Kandelabern. Blütendolden füllen die flachen Glasschalen an den beiden Enden des Tischs. Einen so sanften wie ungewöhnlichen Farbakzent setzen die lilafarbenen Kelchgläser, die die Farbe der Seidenvorhänge aufgreifen.

»Wenn wir hier essen«, sagt Nicolette, »dann gefällt es mir, wenn jedes Detail stimmt und der Tisch ganz klassisch eingedeckt ist.«

UNTEN Das fantasievolle Blumenarrangement – Blüten von Hortensien und Wiesenkerbel in einem flachen Glaszylinder – lenkt nicht ab, sondern unterstreicht die Fülle des Tisches.

RECHTE SEITE Eine üppige Tafel voller Behaglichkeit und Eleganz. Die fliederfarbenen Gläser und die Servietten stammen aus Nicolette Schoutens Designunternehmen, der Collection Privée in Cannes.

OBEN Symphonie der zarten Farben und Formen: Das Silber und die Gläser fügen sich zusammen mit den antiken englischen Karaffen hervorragend in das Gesamtkonzept ein.

Zeitgenössisch

Moderne Gestaltung entbehrt aller Bindungen an traditionelle Formen und Stilideale. Meist schlicht und reduziert gehalten, baut sie auf sorgsam ausgewählte Stücke in geschickter Kombination.

LINKS Ein moderner Tisch in höchster Perfektion. Peri Wolfmans Interpretation eines zeitgenössischen Stils wirkt schlicht, aber wohldurchdacht und klug umgesetzt. Die lange Tafel besteht tatsächlich aus zwei gleichen Tischen, die bei Bedarf kombiniert werden können. Wolfman arbeitet immer nur mit einer sehr beschränkten Farbpalette, und so wählte sie für die Stühle – insgesamt 20 der bekannten Serie 7 von Arne Jacobsen – Weiß, Schwarz und Anthrazitgrau.
RECHTS Das Porzellan ist vorwiegend weiß, türkisblaue Teller setzen farbliche Akzente.

KLARE MODERNITÄT Seit Langem ist Peri Wolfman aufs Engste mit all jenen Dingen verbunden, die man für einen schön gedeckten Tisch benötigt. Früher Leiterin des Produktdesignteams bei Williams-Sonoma, arbeitet sie nun als freie Produktdesignerin mit Schwerpunkt Geschirr.

Peri Wolfman lebt mit ihrem Mann Charles Gold in einem lichtdurchfluteten, modernen Haus auf Long Island. Der Umzug von einem authentischen alten Farmhaus dorthin bedeutete für sie eine riesige Veränderung, und seither betrachtet sie Interior Design und Tischgestaltung im Besonderen aus einem völlig neuen Blickwinkel. »Ich wünschte mir etwas komplett anderes als unser altes Zuhause, und als wir einzogen, fiel es mir schwer, überhaupt irgendwelche Möbel aufzustellen – der leere Raum wirkte so friedlich. Mir ist heute Schlichtheit enorm wichtig: Wo ich früher so viele Stücke wie möglich verwenden wollte, versuche ich nun ständig zu reduzieren. Nach den vielen Jahren in der Branche war ich förmlich überstimuliert. Ich besitze

»Früher wollte ich so viele Stücke wie möglich verwenden, nun versuche ich ständig zu reduzieren.«

zwar immer noch viele Dinge, aber ich habe das Gefühl, weiter aussortieren zu wollen.«

Das Ergebnis zeigt sich auch auf diesem Tisch. Wolfman hatte immer ein Faible für eine begrenzte Farbigkeit. »Für gewöhnlich wählte ich Weiß, Cremetöne und ein blasses Grün. Ich besaß kein gemustertes Geschirr oder ebensolche Servietten. Aber seit ich nun hier lebe, liebe ich formenstarke Objekte noch weit mehr, Weiß, ein wenig Schwarz und gelegentlich ein Häppchen Farbe« – wie das blasse Türkis der Vorspeisenteller.

In ihrem neuen Haus hat Peri Wolfman alle Aspekte des Speisens sorgsam durchdacht. Da wäre zuerst der Tisch, der eigentlich aus zweien besteht, jeder einzelne drei Meter lang, und an dem 20 Personen Platz finden. »Normalerweise haben wir sie getrennt stehen, sodass man zwischen ihnen im Raum umhergehen kann.«

Über die Auswahl der Stühle sagt Wolfman: »Sie sind allesamt stapelbare Arne-Jacobsen-Stühle der Serie 7. Wir besitzen insgesamt 20 in drei verschiedenen Farben: Weiß, Schwarz und Anthrazitgrau. Rund um den Tisch bilden sie schon für sich eine eigene Komposition.«

Die Tischgestaltung ist durchweg schlicht – an jedem Platz ein kleiner Stapel Teller mit einem türkisfarbenen obenauf und sehr einfache Gläser. »Das bauchige Wasser- oder Saftglas ist ein Bordeauxglas ohne Stiel, das ich für Riedel entworfen habe«, erklärt Wolfman. Es verleiht dem Tisch eine pfiffige, eigenwillige Note.

Peri Wolfman gestaltet gerne mit Blumen der jeweiligen Jahreszeit. Bei dieser Art von Dekoration ist sie gleichfalls eine Querdenkerin und erklärt: »Gelegentlich bevorzuge ich Früchte oder Gemüse als Dekoration, eine Pyramide aus gelben Paprika etwa oder mit grünen Äpfeln.« Die Servietten sind »extra large« (60 cm im Quadrat). Das Licht ist »sehr, sehr gedämpft, überall im Raum stehen Kerzen«. Das Ergebnis ist ein perfekter Tisch: klar, cool und der Inbegriff von Ruhe.

OBEN Einem modernen Tisch können Sie durch kleine Akzente bei jedem Gang ein neues Gesicht verleihen. Hier bildet der quadratische Teller mit der innen lindgrün glasierten Schale als Untersatz für das Dessertschälchen einen hübschen Farbtupfer.
RECHTS Servietten sind im wolfmanschen Haushalt immer schwarz oder weiß – und vor allem groß.

RECHTE SEITE Peri Wolfman wählt bevorzugt Sets in der Farbe des Tisches, sodass sie nicht zu stark hervorstechen. Ferner sollen sie rund sein und nur wenig größer als der Platzteller. Das bauchige Becherglas stammt aus Wolfmans eigener Designserie.

INNOVATIVES DESIGN Seit Langem assoziiert man Reed Krakoff, den überaus erfolgreichen Präsidenten und Kreativdirektor von Coach, mit klassischem amerikanischem Design. Unter seiner Führung entwickelte sich das einst traditionelle Unternehmen für Lederwaren zu einer exklusiven Luxusmarke. Zusammen mit seiner Frau Delphine lebt er in New York City.

»Ich sehe den Tisch als Ausdruck meines Lebens und nicht als Sammelsurium, das die meiste Zeit in Schränken versteckt bleibt.«

OBEN Reed und Delphine Krakoff empfangen ihre Gäste im Wohnzimmer ihrer New Yorker Wohnung. Dort bildet die Bücherwand einen heimeligen Hintergrund für entspannte Abende.

RECHTE SEITE Der moderne Tisch von Charlotte Perriand ist gedeckt mit Tellern aus Reed Krakoffs Kollektion für Coach und Baccarat-Gläsern. Objekte, die von überall im Haus zusammengetragen sind, verleihen dem Tisch eine besondere Note.

Reed Krakoff verfügt über das Talent, aus Innovationen feinfühlig einen Stil zu kreieren, der zeitgenössisch und dennoch nicht einschüchternd wirkt. Er lebt Design, und sowohl in ihrem Heim als auch im Beruf vertreten Reed und Delphine Krakoff einen klaren, modernen, aber sehr legeren Stil.

»Ich denke, der Stil unserer Einladungen entspricht genau dem unserer Tischgestaltung«, erklärt er. »Beide sind wir Sammler, und eigentlich lernen wir fortwährend Neues über die Objekte aus den unterschiedlichsten Epochen. Wenn wir also einen Tisch decken, tragen wir gerne einige unserer Trouvaillen zusammen und integrieren sie in die Dekoration. Obwohl ich kein Experte auf diesem Feld bin, weiß ich doch, was mir gefällt, und sehe den Tisch als Ausdruck meines Lebens und nicht als Sammelsurium, das die meiste Zeit in Schränken versteckt bleibt und nur gelegentlich herausgeholt wird. Unsere Strategie ist, dass wir keine haben.«

Reed hegt eine Abneigung gegen perfekte Tische, die so aussehen, als hätte man die Einzelteile nur für diesen speziellen Anlass besorgt, und sagt: »Ich finde es interessant und denke, es verleiht einem Tisch Persönlichkeit, wenn einem nicht nur alle Dinge darauf gehören, sondern sie ansonsten im Haus ihren Platz haben wie etwa die Kerzenleuchter auf dem Kamin. Wenn etwas nicht Teil Ihres Lebens ist, sollten Sie es nicht benutzen. Ich wünsche mir wirklich persönliche Dinge. Die Teller, die wir verwenden (und die hier aufgedeckt sind), habe ich für Bernadout entworfen. Für unseren wunderschönen und robusten Esstisch nach einem Entwurf von Charlotte Perriand liebe ich Tischsets in kräftigen Farben wie in einem leuchtenden Gelb oder Zinnoberrot, um einen Kontrast zu erzeugen. Die Beleuchtung aber sollte sanft sein, Kerzen sind ideal. Und was Blumen anlangt, so hole ich mir anstatt eines mächtigen Gestecks lieber Blüten aus verschiedenen Vasen im Haus und verteile sie über den Tisch. Allgemein gesprochen denke ich, dass man sein Leben in die Hand nehmen und nicht das Leben über sich bestimmen lassen sollte.«

Betty

LINKS Die Renovierung von John Saladinos Haus in Montecino, Kalifornien, war ein Werk der Liebe, mit der Betonung auf Liebe und Werk. Nachdem der Designer unendlich viele Schichten billiger Deko entfernt hatte, entpuppte sich das Haus als ein wunderschöner Schmetterling.
RECHTS OBEN John Saladino deckte einen Tisch voller Bedacht und Sorgfalt: Als Tischdecke wählte er hier einen schweren ornamentalen Bettüberwurf, der über eine dunkle bodenlange Decke gebreitet ist.
RECHTS UNTEN Silberplatten verleihen den Gedecken einen kostbaren Charakter und wirken edel wie die weißen Tellerchen unter den Glaskelchen mit der himmlischen Nachspeise.

Romantisch

Romantik ist immer eine Sache der Stimmung und der Komposition. Nie wäre ein romantischer Tisch kantig oder hart, schäbig oder dürftig, immer verströmt er eine Aura der Sinnlichkeit, manchmal sehr diskret, manchmal voller Offenheit.

ZARTGEFÜHL UND URTEILSVERMÖGEN John Saladino gehört zu Amerikas erfolgreichsten Designern. Er verantwortet das Interieur ganzer Firmen, von Häusern sowie Wohnungen und entwirft seine eigene Möbelkollektion. Er deckte einen herrlich einladenden Tisch, der das Gefühl der Fülle verströmt.

Die Epoche der Romantik prägt Saladinos ganzes Schaffen, wobei ihr die Strenge des Klassizismus einen mäßigenden Rahmen setzt. »Im Herzen ein Romantiker, dem Verstand nach ein Anhänger des Klassizismus«, charakterisiert er sich selbst. Er ist ein Magier, der einen schlichten Tisch in etwas gänzlich anderes verwandeln kann. Nur ohne Zauberei. Er gebraucht vielmehr zu gleichen Teilen seine Fantasie und sein Stilempfinden. »Manchmal«,

LINKS Mit Gewissheit wird ein Saladino-Tisch immer erheitern, bezaubern und Vergnügen bereiten. Als Amuse-Bouche dekorierte er Trauben in Körbchen auf kleinen Silbertabletts mit kunstvoll geschmiedeten und versilberten Traubenscheren.
RECHTE SEITE Das grazile, luftig wirkende Dessertglas krönt eine Zuckergusspyramide. Das florale Dekor erstreckt sich über zwei Ebenen: Hohe Blütenrispen ragen aus schlanken Vasen neben den langen Kerzen auf, und dichte Blütenbouquets sind in niedrigen Gefäßen arrangiert. So können die Gäste Blickkontakt haben.

»Jeder Tisch ist eine Landschaft und sollte nach architektonischen Prinzipien gestaltet werden.«

sagt er, »bin ich romantisch, immer aber voller Sinnlichkeit«, und der Tisch in seinem Haus in Santa Barbara spiegelt diese Eigenschaften wider.

Den Tisch in seinem Esszimmer schmückt eine schwere, lebhaft strukturierte, fast dreidimensional wirkende Decke – eigentlich ein alter Bettüberwurf, vom dem er sagt: »Mir gefällt es, dass er alt und in Quilttechnik gearbeitet ist.« Als Gedecke hat er auf tiefe Silberplatten einige Porzellanteller gestellt, um farbliche Nuancen zu kreieren.

»Jeder Tisch ist eine Landschaft, und diese sollte nach architektonischen Prinzipien mit den angemessenen Proportionen und im richtigen Maßstab gestaltet werden. Falls ein Tisch zu voll wird und zu viele Dinge herumstehen, ändere ich das Design. Vielleicht hänge ich dann die Serviette über die Stuhllehne, oder falls zu viele Gläser gebraucht werden, platziere ich sie eventuell anders.«

Die Beleuchtung ist immer ein kniffeliges Thema. »Eine Votivkerze vor jedem Gedeck verleiht ihm seine Besonderheit und betont die Individualität jedes einzelnen. Manchmal verwende ich extrem hohe Kerzen, deren Lichtschein sich über den Köpfen der Gäste verbreitet. Eventuell hängt ein Lüster recht tief, sodass, wie in einem Renaissancegemälde, eine kleine Lichtinsel jeden einzelnen Gast überströmt.« Falls dies zu kompliziert klingt, fügt er als konkreten Rat hinzu: »Wenn Sie Zweifel haben, löschen Sie alle Lichter und zünden Sie nur Kerzen an.«

Blumenschmuck sollte nur brusthoch sein oder »in giraffenhalsschlanken Vasen weit über die Köpfe hinausragen. Damit schaffen Sie einen Baldachin der Blüten und des Lichts; zusätzlich stellen Sie dann noch ein kleines Blumengebinde auf Tischhöhe. Immer geht es um Größenverhältnisse«, erläutert Saladino. Und um Romantik!

John

RUSTIKALER CHARME Der Textil- und Interior Designerin Carolyn Quartermaine ist Romantik tief ins Herz geschrieben. Fabelhafte Textilien, Seiden und Satingewebe sowie Farben wie Flieder und Rosa und ein Hauch von Gold bei allem und jedem sind ihr Markenzeichen.

Carolyn Quartermaine lebt in einem Dorf in den Hügeln oberhalb von Cannes. Dort fällt es nicht schwer, unter einem Olivenbaum einen romantischen Tisch zu kreieren. Doch immer wieder erprobt sie Neues. »Einen Tisch zu decken bedeutet für mich so viel, wie ein Lieblingskleid anzuprobieren oder ein Bild, das mir gefällt, zu betrachten. Ich lasse mich von der Stimmung des Augenblicks leiten. Die Art, wie ich lebe, entspricht der Art, wie ich arbeite. Das heißt: Jeder Tisch spiegelt das, was mich im Moment interessiert.«

»Sie könnten mein Leben ein Labor nennen«, sagt sie. Meist verwendet sie Stücke ihrer eigenen Stoffkreationen als Tischdecken. Darauf arrangiert sie dann eine bunte Mischung von Objekten, angefangen von Flohmarktfunden bis hin zu geerbten Kostbarkeiten, über die sie sagt: »Auf jedem meiner Tische findet sich ein altes Stück, denn ich glaube, dass erst durch sie ein Arrangement interessant und tiefgründig wird.« Ihr Leben im Süden inspiriert sie,

LINKE SEITE Vor einer rustikalen Mauer, die dem Garten eine besondere Atmosphäre verleiht, hat Carolyn Quartermaine unter einem Olivenbaum einen Tisch für ein romantisches Abendessen gedeckt.
RECHTS Eine von Carolyn Quartermaine handbemalte Tischdecke in einem Cremeton bringt ihre Kollektion von Schalen mit Lüstereffekt und Baccarat-Gläsern wunderschön zur Geltung.

OBEN In einer tiefen Schale mit kupferfarbenem Lüsterglanz hat sie locker einige Vence-Rosen dekoriert. Ursprünglich wurden sie in dem südfranzösischen Städtchen für die Parfümherstellung im nahen Grasse gezüchtet und sind heute kaum in anderen Landesteilen zu finden.

»Auf jedem meiner Tische findet sich ein altes Stück, denn ich glaube, dass erst durch sie ein Arrangement interessant und tiefgründig wird.«

viel stärker mit Farbe zu arbeiten als früher, und sie erzählt: »Hier liebe ich die Farben der Edelsteine, Topas und Amethyst zum Beispiel, und kombiniere sie gerne mit einem fluoreszierenden Schimmer. Ich habe auch keine einfachen Gläser mehr, denn farbiges Glas funkelt so hinreißend im Licht.« Einen Quartermaine-Tisch bereichern stets auch Blumen: »Es kann eine Topfpflanze sein oder nur ein Zweig mit Blättern von einem Apfel- oder Olivenbaum. Einmal hatte ich einen Zweig mit einer Zitrone, ein anderes Mal einen blühenden Mimosenzweig auf einer weißen Decke. Blüten haben immer einen wundervollen Effekt, und ein Olivenzweig bleibt lange frisch. Es kommt auf das Gleichgewicht an.«

Kein romantischer Tisch kommt ohne romantische Beleuchtung aus, vorzugsweise ein Kandelaber. Daher ließ Carolyn Quartermaine einen an den Zweigen des Ölbaums befestigen. Und sie erklärt: »Es ist wichtig, in den Raum über dem Tisch zu schauen – in diesem Fall in die Baumkrone. Denken Sie nicht nur an den Tisch selbst, betrachten Sie das Umfeld. Was an den Wänden hängt und sonst im Zimmer steht. Im Freien ist das Licht so wichtig wie drinnen. Ideal sind Windlichter mit Glasstürzen und Öllampen, denn sie werfen ein warmes Licht auf den Tisch und die Umgebung. Nicht zu vergessen die Hintergrundbeleuchtung: Kleine Teelichter in Bechern oder Gläsern auf dem Boden oder auf einer Mauer lassen alles noch romantischer wirken.«

OBEN LINKS Hinter kühlen, weißen Mauern erstrahlt Carolyn Quartermaines Haus im Innern als eine Symphonie aus Gold und Glas. Ihre Liebe gilt farbigem Glas, und wann immer sie ein schönes Stück entdeckt, kann sie nicht widerstehen, es zu kaufen. So besitzt sie kein einziges vollständiges Set.
UNTEN LINKS Für das kleine Tischarrangement bilden die warmen Goldtöne des Sofas und der Kissen einen fantastischen Hintergrund. Carolyn Quartermaine hat sie mit Stoffen aus ihrer eigenen Kollektion bezogen.
RECHTE SEITE Auf einem kunstvoll getriebenen Metalltablett hat die Designerin eine antike marokkanische Flasche und Teegläser arrangiert. Sie sind noch von Hand bemalt – im Gegensatz zu den meist bedruckten modernen Gläsern. Die goldumrandeten Teller stammen alle von Flohmärkten und harmonieren schön mit den Gläsern.

Klassisch

Auf einem klassischen Tisch finden sich immer Bezüge zur Vergangenheit, ob durch antike Objekte oder neue, die sich an alten Vorbildern orientieren. Die Farben sind nie grell, dafür sind die Strukturen lebhaft.

LINKS Mithilfe eines in klassischen Grisaille-Tönen bemalten Paravents gelingt es Diane Fisher-Martinson, eine romantische Ecke in einem größeren Raum zu kreieren. Als Unterdecke für die metallisch silbrige Tischdecke dient ein schweres Flanelltuch. RECHTS Der Tisch wurde gedeckt mit Wedgwood-Tellern, deren Dekor bekannte Piranesi-Grafiken der römischen Ruinen aus dem 18. Jahrhundert bilden. Sammlerstücke sind die alten Gläser, edles Dekor die versilberten Muscheln.

COOLE MISCHUNG Über Jahre hat Diane Fisher-Martinson, die als Stilistin auch Tischgeschirr entwirft, jegliche Art von Dingen für schöne Tische gesammelt.

»Geschirr, Besteck, Gläser, Tischdecken – sie sind meine Leidenschaft. Meine Schränke quellen über davon, und ich liebe es, Tische zu decken«, erzählt Diane Fisher-Martinson. Ihre fantastischen, überreichen Arrangements verraten eine Persönlichkeit, die nicht nur höchst professionell arbeitet, sondern es auch genießt, ganz darin aufzugehen, einen Tisch mit Stil und Geschmack zu gestalten. Sie ist eine Dame des alten Schlags, die Traditionen eine überraschende Nuance verleiht. Ihre Tischdecken, das Geschirr, die Dekoobjekte und Gläser – sie wirken kostbar, opulent und einladend. Quellen der Inspiration sind frühere Epochen – ihre Liebe und ihre Sammelleidenschaft gehören dem barocken Venedig. Sie legt großen Wert auf Strukturen und wählte daher bei einem Tisch einen ungewöhnlichen, schweren Flanell als Decke – sicher nicht ein Material, an das jedermann denkt – und darüber

»Meine Schränke quellen über … und ich liebe es, Tische zu decken.«

ein feines Silbergewebe von Larsen. »Dies wäre ein perfekter Tisch für ein Silvester-Diner – Silber, Kerzen, Schimmerndes und Funkelndes.«

»Alles beginnt mit der Tischdecke und den Platzsets, und darauf baue ich auf«, erklärt Fisher-Martinson. Sie verfügt über ein bewundernswertes Geschick, die unterschiedlichsten Elemente miteinander zu vereinen: eine elegante, bodenlange Decke als Untergrund, goldgerahmte Teller und antikes Besteck mit Elfenbeingriffen sowie Gläser aus Murano. Bis hin zu den Kerzenhaltern aus Rom und den delikaten Glasuntersetzern mit Églomisé-Dekor evoziert das kleine Kunstwerk die Atmosphäre des 17. Jahrhunderts, der Renaissance in Europa.

Ihre fertigen Dekorationen sprühen vor Ideen, und dennoch denkt die Stilistin praktisch, zum Beispiel beim Thema Blumen: »Ich mag Blumen, aber weder zu starke Düfte noch zu große Bouquets, denn ich möchte mein Gegenüber sehen können.« Ebenso wenig mag sie künstliche Beleuchtung und führt aus: »Ich nutze immer nur Kerzen, je mehr, desto besser.« Vorzugsweise setzt sie diese in ihre große Sammlung edler Leuchter, ein bunter Mix, bereichert um einzelne Blüten in Miniaturvasen in der Mitte der Tafel. Bisweilen legt sie nette Kleinigkeiten auf, Dekoobjekte aus Diane Fisher-Martinsons Sammlung von Kostbarkeiten oder ein hübsches Stück, das ihr gerade ins Auge sticht. »Sie sind in der Regel antik, zum Beispiel ein Paar alte Flammenlöscher, ein hübsches Kästchen, eine Büste, eigentlich alles, was alt ist und Patina hat.«

LINKE SEITE In Diane Fisher-Martinsons Wohnzimmer steht ein weiterer außergewöhnlicher Tisch, den man sich für eine besondere Festlichkeit oder das Weihnachtsessen vorstellen könnte. In manchem erinnert er an das barocke Venedig. Die schwere, golddurchwirkte Tischdecke sowie die Servietten stammen noch aus Dianes früherer Firma, während die goldgerandeten Gläser und Teller venezianische Arbeiten sind.

OBEN Das Besteck mit den feinen Elfenbeingriffen unterstreicht die Kostbarkeit der Teller.
LINKS Auf diesem Tisch vermittelt jedes Detail das Gefühl von Luxus, selbst die von Hand verzierten Églomisé-Glasuntersetzer für die Wassergläser und die niedrigen silbernen Kerzenhalter.

Ethno

Wir sind umgeben von stilistischen Einflüssen aus aller Herren Länder, und nirgendwo kommen sie schöner zur Geltung als auf einem Tisch, an dem wir uns an den Kleinoden und Farben anderer Kulturen erfreuen können.

SCHMELZTIEGEL Nathan Turner ist ein echter Kalifornier. Antiquitätenhändler von Beruf, dekoriert er auf den Tischen im Haus wie im Garten gerne das, was er besitzt und was er spontan findet.

OBEN Nathan Turner lädt gerne zu Gartenfesten ein, ideale Gelegenheiten, um Speisen anderer Kulturen zu servieren. Hier hat er für die Fiesta mexicana aufgetischt.
RECHTS Turner ist ein Querdenker, auch bei seinen Arrangements im Freien, wenn er ein altes, Ruhe verströmendes Gemälde in sanften Tönen als Hintergrund für den Getränketisch wählt – farbenfroh wirken hier die Gläser und die Getränke in den Glaskaraffen.
RECHTE SEITE Inspiriert von Mexiko spielt Turner mit knalligen Farben: bei den Tischdecken, den farbigen Papierwimpeln und den Zweigen mit leuchtend orangen Kumquatfrüchten in den Steinurnen.

Nathan Turner hat gerne Gäste um sich, und fragt man ihn, wie viele er am liebsten um einen Tisch versammelt, so antwortet er heiter: »Je mehr es sind, desto lustiger die Stimmung.« Und daher möchte er, dass ein Tisch Spaß macht und ein bestimmtes Motto hat, eventuell basierend auf einer Farbe, die ihn inspiriert, und er erklärt: »Im kalifornischen Licht lässt sich wunderbar mit Farben spielen.«

Ein andermal lässt sich Turner von einem Land oder einer Kultur leiten: »Ich mag ethnische Themen, denn sie ermöglichen es mir, Speisen und Dekoration zu verbinden.« Er arrangiert elegante indische Abendessen, mexikanische Partys und – mit ganzer Passion – marokkanische Gelage. Dafür serviert er Lammtagine mit Couscous auf einem entsprechend gestalteten Tisch.

Für ein Essen im nordafrikanischen Stil verwendete er einen niedrigen Tisch, über den er eine sattgrüne Decke gebreitet hat. Wenn er ein schönes Stück Stoff sieht, das sich für den Tisch eignet, dann schneidet er es passend zurecht. Er kauft kaum fertige Tischdecken, sondern nutzt

»Ich mag ethnische Themen,
denn sie ermöglichen es mir,
Speisen und Dekoration zu verbinden.«

lieber Stoffe, die ihm auffallen, etwa einen alten Vorhang, den man ihm in seinem Geschäft anbietet oder den er anderswo entdeckt hat. Altes Leinen schätzt er ebenfalls. Auch die Servietten sind in der Regel alt, mit ganz verschiedenen Mustern. Wie andere Personen, die sich mit Tischgestaltung befassen, liebt er Gläser und Geschirr, insbesondere aus dem 19. Jahrhundert. Hemmungslos mischt er Muster und Farben und erzielt eine fantastische Wirkung damit.

Natürlich kommt es auf die gesamte Umgebung an. »Die Beleuchtung ist elementar«, sagt er. »Ich esse gerne bei Kerzenlicht, und wenn Sie unbedingt elektrisches Licht brauchen, dann als Hintergrundbeleuchtung und dämmrig.« Im Freien kombiniert Turner so viele unterschiedliche Lichtquellen wie möglich: Kerzen, Windlichter und Laternen, womit er entzückende Effekte erzielt. Natürlich legt er Wert auf die Tischdekoration selbst, und das bedeutet: Blumen. Sie sollten ganz natürlich sein, ebenso wie Früchte, zum Beispiel auf seinem marokkanischen Tisch, auf dem er knallgelbe Birnen mit tiefroten Pfingstrosen kombiniert.

Manchmal holt er noch mehr aus dem Garten: »Ich dekoriere gerne mit Blättern und Laub, bisweilen ganzen Zweigen. Ich habe einen Orangenbaum im Garten und schneide gelegentlich einen Zweig davon ab, mit Früchten natürlich.« Anstatt zu Blumen greift Turner manchmal zu Muscheln, Korallen, Steinen, was ihm gerade gefällt. Es lässt seiner Fantasie freien Lauf: »Nichts ist tabu.«

LINKS Bei Nathan Turner im Haus zu essen ist ebenso reizvoll und farbenfroh wie in seinem Garten. Hier hat er für ein marokkanisches Essen gedeckt. Die Polster sind ebenso niedrig wie der Tisch, über den er eine alte grünweiße Decke und darüber einen Läufer in der Mitte gebreitet hat. Entsprechend den Farben der Textilien hat er Früchte und Blüten zusammengestellt. RECHTS Für jedes Gedeck hat er zu edlen alten Tellern mit Goldrand elegantes Silberbesteck und marokkanische Gläser kombiniert.

LINKS Stephanie Stokes ist eine erfahrene Asienreisende, deren Besuch in Kambodscha sie zu dieser Tischgestaltung inspirierte. Auf einer Decke in sattem Orange hat sie metallene Naga-Kerzenhalter, Telleruntersetzer aus Rattan und Zinnbierkrüge dekoriert. RECHTE SEITE Als Blumenschmuck auf dem Sideboard wählte sie Lotusblüten in kambodschanischen Vasen. Selbst die rot karierten Servietten stammen aus Kambodscha und wurden aus Kramas, den typischen Baumwollschals, genäht.

»Blumen geben einem Tisch Leben, und daher sind sie ein Muss.«

SCHÄTZE EINER REISENDEN Stephanie Stokes zählt zu den besten Interior Designern in New York. Seit Langem sammelt sie Porzellan und Glas aus der ganzen Welt und besitzt eine kostbare Sammlung seltener und ungewöhnlicher Stücke in ihrer Wohnung in Manhattan, in der sie mit Leidenschaft sehr originelle und hinreißend schöne Tische kreiert.

Stephanie Stokes liebt es, einen Tisch zu gestalten, zumal sie auf diesem Weg Kostbarkeiten ihrer Sammlung präsentieren kann. Auch sie legt ebenso großen Wert auf die Umgebung wie auf den Tisch selbst. In ihrem Esszimmer hängt ein kostbarer antiker Spiegel über einem alten Büfett, zwei Stücke, die sie in ihre Gesamtkomposition einbezieht und die Raum für dekorative Objekte wie die Vasen mit den Lotusblüten bieten. Blumen fehlen ohnehin nie: »Blumen geben einem Tisch Leben, sie sind ein Muss.«

Stephanie Stokes ist auf der ganzen Welt unterwegs, und Erinnerungen an eine ihrer letzten Reisen mit Ziel Kambodscha birgt dieser Tisch, dekoriert mit Zauberhaftem auf einem kambodschanischen Stoff. Die Kerzenhalter, Repliken von Originalen aus dem 14. Jahrhundert, entdeckte sie im Nationalmuseum von Phnom Penh. Sogar die rot karierten Servietten stammen von dort, geschneidert aus Schals, die dort einst die Landbevölkerung trug.

Überall sieht Stokes Möglichkeiten, ihre Sammlung zu erweitern. Auf einer Syrien-Reise erstand sie Tischdecken und einen herrlichen Tafelaufsatz.

Tischdecken sind für sie essenziell, zumal sie sich rühmt, eine Dekoration nie zu wiederholen. »Ich besitze an die 60 Tischdecken, was sich vor allem auszahlt, wenn ich zu einem großen Festessen einlade, da ich dann vier getrennte Tische decke. Ich benutze keine weißen Tischdecken mehr, denn sie sind mir zu grell. Ich bevorzuge jetzt Elfenbein oder ein weiches Mittelblau, wenngleich die Unterdecke durchaus einen kräftigen Ton haben darf. Zwei meiner Lieblingsstücke sind aus dunkelbraunem und rotem Samt und passen hervorragend für Weihnachten.«

Stephanie Stokes ist eine polyglotte, weltläufige Persönlichkeit, eine Sammlerin, mit großer Liebe für französisches und englisches Geschirr ebenso wie für seltene asiatische Ton- und Steingutgefäße.

Elizabeth
Henry

»Ein Tisch spiegelt Ihre Persönlichkeit und Ihre Kultur.«

LINKE SEITE Bei Rumi Verjees japanischen Abenden dreht sich alles um Form und Struktur. Die Teller sind aus Ton von Hand gefertigt, entworfen und hergestellt in Japan. Das Gleiche gilt für die Becher und die Teekanne mit ihrer fast organischen Form. Einen krassen Gegensatz dazu bilden die Essstäbchen und Bänkchen aus Metall oder (rechts) das vergoldete Dessertbesteck. RECHTS Die großen kubischen Kerzen und die überraschend hohen Vasen in Pyramidenform steigern die Kontraste bei dieser Tischdekoration.

SCHAUFENSTER DER WELT Geht es um globalen Stil, kennt Rumi Verjee jedes Detail. Die Ladenräume von Thomas Goode ist bis auf den letzten Zentimeter gefüllt mit Porzellan, Glas und Besteck von Designern und Produzenten aus aller Welt, von Italien bis nach Japan.

Geboren in Indien, aufgewachsen in Afrika – für das Londoner Unternehmen Thomas Goode ist Rumi Verjee, der jetzt in England lebt, die Personifikation des globalen Stils, und keineswegs überraschend ist »Eklektizismus« sein Motto: »Unser Leben ist eklektisch, und ebenso sind es meine Tische. Ein Tisch spiegelt Ihre Persönlichkeit und Ihre Kultur. Und in meinem Fall ist es eine ganze Reihe von Kulturen und Stilen.«

Rumi Verjee ist nach den Prinzipien des Designs ein Verfechter der strengen Form und der Reduktion – wie in jedem einzelnen Raum seines modernen Londoner Hauses deutlich wird. Obwohl er eine Vorliebe für häufig wechselndes luxuriöses Geschirr hegt, so fühlt er sich doch sehr wohl an einem fernöstlich gestalteten Tisch, inbesondere nach dem Stilvorbild Japans, wo elegante Schlichtheit als höchstes Stilideal gepflegt wird. Er kombiniert gerne Dinge, deren Design von der reinen Funktion bestimmt ist, und spielt mit der Wirkung ihrer Struktur und Form. Er weiß, dass in allen Kulturen Schönheit nicht allein im Seltenen und Üppigen liegt, sondern auch in der Schlichtheit des Alltagsdesigns.

Sammlerstücke

Sammler präsentieren natürlich gerne so viele Raritäten wie nur möglich aus ihren bunten Kollektionen. Daher sind ihre Arrangements ein faszinierender, charmanter Mix der Stile und Epochen.

LINKS Vor einer kleinen Ausstellung von Staffordshire-Figuren und Meissen-Möpsen sind auf einer Plastikdecke mit Blütenmuster englisches Majolika-Geschirr und moderne Gläser dekoriert. Meredith Etherington-Smith ist eine unermüdliche Sammlerin. RECHTS Angefangen von Muschelkrügen bis hin zu den handbemalten Tellern und einer kubischen Glasvase mit echten Exemplaren sind hier Muscheln jeglicher Fasson kombiniert. Sets im Leopardendesign und antike Teller aus dem französischen Biot vervollständigen das exotische Styling.

PERSÖNLICHE LEIDENSCHAFT Zeit ihres Lebens hat die Autorin und TV-Journalistin Meredith Etherington-Smith Porzellan, Glas und dekoratives Geschirr gesammelt – mit einem Hang zum Ausgefallenen, Niedlichen und regelrecht Exzentrischen.

Meredith Etherington-Smith lebt in einem Haus im Londoner Stadtteil Chelsea. Ein großer Tisch füllt dort fast das gesamte Esszimmer aus und macht jedes Abendessen zu einem heimeligen und unterhaltsamen Erlebnis. Essen spielt in diesem Haus eine große Rolle, und die Hausherrin wählt die Tischdekoration passend zu den jeweiligen Gerichten. Eine sommerliche Mahlzeit mit leichten kalten Speisen würde sie auf einem Tisch in Grün, Weiß und Silber servieren, während sie im Winter satte, warme Farben bevorzugt. »Ich besitze mehrere Service, ein altes aus Meißen, ein Spode-Service aus dem 19. Jahrhundert, eines im ornamentalen Imari-Stil sowie ein schlichtes modernes. Die ungewöhnlichen, dunkelbraun glasierten Keramikteller aus Biot

LINKS Jedes einzelne Element auf diesem schönen Esstisch ist eine kleine, delikate Kostbarkeit, doch wirken alle harmonisch miteinander verbunden durch das zarte Grün der Gläser, die mit den Rosenblüten korrespondieren. Eine schwere Damastdecke und darüber ein feines, spitzenverziertes Baumwollgewebe dienen als Unterlage für die mit Vögeln und Insekten bemalten Meissen-Porzellanteller aus dem 19. Jahrhundert.

RECHTS Die markanten blassgrünen Weißweingläser, eine typisch deutsche Form im 19. Jahrhundert, kontrastieren zu den geschliffenen viktorianischen Kelchgläsern. Antikes Silberbesteck, unter anderem mit Knochen- und Elfenbeingriffen, sowie eine Pokalschale aus Kristallglas, gefüllt mit zartgrünen Rosen, unterstreichen den Eindruck der Zartheit.

»Für mich gleicht die Gestaltung eines Tisches einer kleinen Theaterproduktion.«

wirken noch weit einfacher, und so decke ich sie gerne im Garten. Obwohl ich verschiedene Service gesammelt habe, bin ich dennoch der Meinung, dass man mit einem Muster auskommt. Es ist so einfach, die Stimmung eines Tisches mit unterschiedlichen Decken, Blumen oder Dekoobjekten zu verändern, so wie mit meinen Muschelobjekten, die ich gerne als Blickfang in der Mitte platziere.«

»Das Wichtigste ist der Untergrund«, analysiert sie. »Mittags serviere ich auf dem runden Tisch ohne Decke. Selbst wenn ich dasselbe Geschirr wie abends benutze, wirkt es doch auf dem Holz vollkommen anders.« Und weiter erzählt sie über ihre große Sammlung von Damastdecken: »Immer schon habe ich sie gesammelt, und obwohl ich Weiß für die einzig passende Farbe für einen formellen Tisch halte, freue ich mich besonders, wenn ich eine farbige Damastdecke finde. Ich besitze sogar eine in Dottergelb – ein fabelhafter Kontrast zu den dunkelbraunen Tellern.« Außerdem legt sie die Decken gerne schichtweise auf: »Zuunterst eine, die den ganzen Tisch überzieht, darüber dann zum Beispiel eine kleinere mit bunter Stickerei oder filigranem Durchbruchmuster. Bei einem informellen Essen kombiniere ich Letztere gerne mit einer farbigen Decke darunter.«

»Für mich gleicht die Gestaltung eines Tisches einer kleinen Theaterproduktion. Jede ist anders, auch abhängig von den Speisen und den Blumen der Jahreszeit. Es ist wie ein Dekospiel, denn man kann nicht täglich die Möbel verrücken oder die Bilder umhängen, aber der Tisch bietet einem die Chance, das Bild des Interieurs kreativ zu verändern.«

Retro

Auch wenn Retro nicht eindeutig definiert ist, so versteht man darunter doch im Wesentlichen einen Stil, der Elemente vergangener Epochen aufgreift und mit Neuem reizvoll oder manchmal geradezu exzentrisch kombiniert.

LINKS Keith Johnson und Glen Senk pflegen einen legeren, informellen, interessanten Stil – nur was ihnen gefällt, findet Platz. Die blau-weißen Zwiebelmusterteller korrespondieren farblich mit der Fischterrine, die den Tisch optisch beherrscht. Im Gegensatz dazu wirken die irischen Kristallgläser aus dem 18. Jahrhundert rustikal.
RECHTS Alte, lederbezogene Polsterbänke bieten hier bequeme Plätze zu beiden Seiten eines fein lackierten, ausziehbaren Tisches.

ATMOSPHÄRE SCHAFFEN Glen Senk und Keith Johnson sind die kreativen Köpfe des höchst erfolgreichen Unternehmens Anthropologie für Mode und Lifestyle-Produkte. Immer auf der Suche nach neuen Dingen für die Shops, gestalten sie auch ihren Lebensraum voller Elan.

Glen Senk und Keith Johnson leben in einer behaglichen New Yorker Wohnung, in der sie den Esstisch vor ein großes Fenster gerückt haben. Zu beiden Seiten stehen gepolsterte Lederbänke, die an eine Brasserie im Paris des 19. Jahrhunderts erinnern. Das Ensemble wirkt bequem, individuell und spiegelt Senks und Johnsons Einstellung zum Essen und zu Einladungen. »Für uns ist Bequemlichkeit alles, und darüber hinaus Unkompliziertheit«, sagt Johnson. Er verabscheut das Überzogene und Krampfhafte und führt weiter aus: »Was den Tisch angeht, sollte man alles Steife und allzu Förmliche vermeiden. Stellen Sie zusammen, was Ihnen gefällt, und dies ganz unverkrampft. Erst das Unerwartete macht einen Tisch interessant – das Unerwartete verquickt mit einer Prise Humor.« In diesem Fall lässt die blau-weiße Fischterrine schmunzeln, die selbstbewusst den Tisch dominiert.

Keith Johnson mischt gerne Muster: »Ich weiß, dass heutzutage jeder Teller und Muster mischt, kann aber nicht davon lassen. Ich praktiziere es in den Geschäften genauso wie zu Hause. Die Leute nehmen dadurch Notiz von dem Tisch und haben sofort Gesprächsstoff.«

LINKE SEITE Tischkreationen von Keith Johnson und Glen Senk wirken immer authentisch. Und da sie mit viel Selbstsicherheit agieren, funktioniert auch der Mix. Lebendig wirkt das Lunch-Arrangement auf einem antiken Tisch mit Windsor-Stühlen und einem exzentrischen Metallstuhl. RECHTS Hier wurden Teller mit Stencil-Mustern aus der Anthropologie-Kollektion kombiniert mit Trinkbechern aus Pressglas und extragroßen französischen Leinenservietten. UNTEN Vorzüglich und unkonventionell: eine duftende Pastete auf einem Tortenständer mit Rankenmuster.

»Erst das Unerwartete – verquickt mit einer Prise Humor – macht einen Tisch interessant.«

Zu diesem Gedeck gehören zudem zauberhafte Glaskelche, eigentlich ungewöhnlich für einen Designer, der eher zurückhaltend dekoriert, aber voller Begeisterung erklärt Keith Johnson: »Sie stammen aus dem 18. Jahrhundert, und ich liebe diese irischen Gläser, weil sie verglichen mit den meist pompösen antiken Glaswaren geradezu schlicht wirken, beinahe rustikal.« Die Servietten haben an einem Senk-Johnson-Tisch immer XL-Format. »Ich mag die extragroßen«, sagt Johnson. »Meine Vorstellung einer Serviette entspricht für jemand anderen vielleicht der einer kleinen Tischdecke. Auch decke ich gerne alte französische Geschirrtücher, die ich in Europa kaufe.«

Für Johnson muss auch das Blumendekor zurückhaltend sein, wenn möglich, deckt er mit Blüten aus dem Garten. Wie fast jeder, der sich professionell mit Tischdekoration befasst, mag er Kerzenlicht und vor allem große Säulenkerzen, nicht diese winzigen Teelichtchen. Außerdem kombiniert er Kerzenlicht mit stark gedimmter Raumbeleuchtung. »Ich denke«, so Johnson, »dass es darauf ankommt, freundlich zu sein und nicht vor Vertrautem zurückzuschrecken. Das gibt Gästen ein gutes Gefühl. Dann können Sie sogar Ungewöhnliches oder Ultramodernes dazumischen. Und das gilt nicht weniger für einen Tisch – aber gerade das macht ihn interessant.«

LINKS Provenzalischer Stil im Luberon. In ihrem Bauernhaus nutzt Ebba Lopez einen Anbau am Haupthaus als Freisitz zum Essen. Ihre ganze Liebe gehört Textilien, und daher arrangiert sie diese geschickt in verschiedenen Schichten. Auf eine bodenlange Leinendecke hat sie eine kleinere cremefarbene gelegt und für jedes Gedeck ein grob gewebtes Set. Alt sind die fein bestickten Leinenservietten.
RECHTS Die zartgrünen Gläser stammen aus der Verrerie de Biot.

Ländlich

Ländlicher Stil braucht keinen Bauernhof. Ihn prägt das Authentische, kein exzessives Dekor, sondern eine begrenzte Farbskala und schlichtes Design.

SKANDINAVISCHE ÄSTHETIK Ebba Lopez ist der richtunggebende kreative Geist bei Linum, der schwedischen Textilfirma für schlichte Stoffe, Accessoires und Kissenbezüge in einer klaren, markanten Farbpalette, die den Sommer heraufbeschwört.

Zusammen mit ihrem Ehemann Kiko und ihren Kindern lebt Ebba Lopez in einem idyllischen alten Bauernhaus im französischen Luberon-Tal, wo einst Seidenraupen gezüchtet wurden. An den betagten Steinmauern ranken Kletterpflanzen empor, und im Garten ist eine Hängematte zwischen die Bäume gespannt. Von hier aus leitet sie ihre Firma Linum und empfängt ihre Gäste in natürlich-rustikalem, provenzalischem Stil. Die Mahlzeiten im Freien finden auf einer Terrasse direkt am Haus oder in einer nur auf drei Seiten geschlossenen angebauten Scheune statt.

»Mir lag schon immer viel an einem schönen Tisch, selbst im Alltag. Wir lieben Kerzen, das ist typisch schwedisch, und wir geben jede Menge Partys. Was Tischdecken und Servietten angeht, habe ich schon durch die Firma Unmengen davon – und viel Auswahl.« Über ihren Stil sagt Lopez: »Meine Tischdekorationen entspringen immer meiner momentanen Laune. Ich liebe Kontraste, decke dunkle Tische im Sommer und helle im Winter. Wildblumen pflücke ich auf den Wiesen, und im Garten schneide ich Rosen, die ich dann mische. Dann dekoriere ich allerlei

71/72

VORHERGEHENDE SEITEN In der alten angebauten Scheune, die Ebba Lopez und ihre Familie als Essplatz im Freien nutzen, offenbart sich die Pracht einer Abendtafel. Wie bei fast allen Mahlzeiten hat Ebba Lopez in kühlen Farben gedeckt und natürlich mit vielen Kerzen. Die Blumen holt sie meist aus dem Garten und arrangiert sie schlicht, doch effektvoll.

Dinge, zum Beispiel von unseren Reisen. Sowohl mein Mann als auch ich sammeln Muscheln, Steine, Treibholz vom Strand, was uns eben gefällt.«

Genauso wie Ebba genießt Kiko, der mit Glas arbeitet, einen ästhetischen Tisch. Von ihm stammen die mattierten quadratischen Glasteller. »Er ist sehr anspruchsvoll«, erzählt Ebba, »er kocht viel und ganz hervorragend, weswegen er sich ein adäquates Ambiente wünscht. Unsere Hauptmahlzeiten sind mediterrane Gerichte. Ihre appetitliche Frische spiegelt auch der Tisch. Ich benutze lange Unterdecken, etwa in Schwarz oder Weiß, und lege darüber kleinere in leuchtenden Farben. Manchmal genügt es schon, die Servietten auszutauschen, um einen gänzlich neuen Eindruck zu erzielen. Mein gegenwärtiger Tisch ist nicht besonders attraktiv, weshalb ich immer eine Decke auflege. Wäre die Oberfläche schöner, würde ich Läufer verwenden. Sie wirken modern. Außerdem gefällt uns Geschirr, das sich farblich von den Speisen abhebt. Lebensmittel sind hier im Süden herrlich, Früchte und Gemüse so fantastisch, dass man so wenig damit machen muss.«

Ebba Lopez sammelt sowohl altes als auch modernes Porzellan und mischt es ganz nach Belieben. Sie stellt gerne noch ein paar Accessoires dazu, eine schmucke Schüssel oder eine Vase, denn »ich besitze hübsche Dinge«, sagt sie. »Ich will sie auch benutzen, und der Tisch ist der ideale Platz dafür.«

»Mir lag schon immer viel an einem schönen Tisch, selbst im Alltag.«

LINKS Derselbe Ort, ein komplett anderer Tisch, der exemplarisch zeigt, wie sehr Farbe einen Tisch verändern kann. Für das Mittagessen hat Ebba Lopez ein grob kariertes, rot-weißes Tischtuch von Linum gewählt, betont damit die Farben der Speisen und der Blumen, mildert dann aber die kräftige Farbstimmung mit einem kühlen Grün: in den feineren Karos der Servietten, kleeblattförmigen Beilagentellern und rustikalen Vasen.
RECHTS Die mattierten Glasteller stammen von Kiko Lopez.

ZARTE, RUHIGE FARBEN Nicolette Schouten ist eine erfolgreiche Interior Designerin, deren Unternehmen Collection Privée ihren Sitz sowohl in Cannes als auch in Valbonne hat. Ihren Stil prägen die Farben des Mittelmeers.

Einladungen sind in Frankreich von einer gewissen Förmlichkeit geprägt, die auch das Leben an sich bestimmt. Aber der Süden ist nicht wie der Norden. Hier ist das Licht weicher, die Luft milder und das Klima wärmer. In ihrem Haus mit Blick auf die Bucht von Cannes hat Nicolette Schouten einen Essplatz, der zwar innerhalb desselben Raums wie die Küche und der Wohnbereich liegt, aber doch so abgetrennt, dass man nicht die Zubereitung des Essens verfolgen kann. Dafür blickt man auf Terrasse und Swimmingpool. Der Tisch ist im traditionellen französischen Landhausstil aus altem Holz gefertigt und stammt aus ihrem Geschäft in Cannes. Wenn sie mittags oder abends Gäste einlädt, dann deckt sie den Tisch zwar mit einer gewissen Förmlichkeit, aber das Ambiente bleibt dennoch leger. Sie arbeitet mit natürlichen Materialien und praktischem Geschirr, folgt aber den alten Regeln für ein formelles Gedeck.

Im grellen mediterranen Licht machen sich weiche Farben gut: Grautöne, Grün, Creme, alle gemischt in einem Farbenspiel, das die Stimmung zum Essen wunderbar entspannt. Die Teller haben ein weiches Grau, die ideale Fondfarbe für die Speisen. Diese sind Nicolette Schouten enorm

LINKS Nicolette Schouten hat im großen Esszimmer ihres Hauses in Cannes für ein Mittagessen gedeckt. Sie mag eine kühle, helle, neutrale Farbskala, die eine beruhigende Balance zum kräftigen Licht und zu den leuchtenden Farben der mediterranen Landschaft schafft.
RECHTE SEITE Neutral heißt keineswegs langweilig, wie diese Teller von Porcelaine Blanche in Hellgrau und Taupe zeigen. Als Untergrund wählte Nicolette Schouten grob strukturierte Sets von Collection Privée und setzte zarte Farbakzente mit den Gläsern.

LINKE SEITE Der Holztisch gibt die rustikale Note vor. Er ist neu, allerdings aus alten Eichenplanken nach ebenso alten Vorbildern gefertigt. Er ist bis zu einer Länge von drei Metern erhältlich.
LINKS Mit Blumen und Speisen setzt Nicolette Schouten Farbtupfer, die vor einem neutralen Farbhintergrund am besten zur Geltung kommen.

UNTEN Die grob geflochtenen Stühle stammen von Collection Privée ebenso wie die kreisförmigen Leuchter an der Decke, auf denen dicke Kerzen stecken. Die Wandlämpchen sind antik, das Gemälde von Linda Biales am Ende des Raums ist zentraler Blickfang.

»Mir gefällt es, wenn viele Dinge auf dem Tisch stehen: Blumen, Kerzen usw. Manchmal ist kaum Platz für das Essen …«

wichtig: »Mir liegt viel daran, dass der erste Gang und das Hauptgericht korrekt und im richtigen Moment serviert werden. Sobald sie aufgetragen sind, entspanne ich mich. Dann genieße ich die Atmosphäre, und das Essen wird zweitrangig. Wenn wir essen, kann es Stunden dauern – das ist für mich ein erfolgreiches Essen.« Ihre Art der Tischdekoration trägt natürlich sehr zur Stimmung bei: »Als Erstes liebe ich Kerzen über alles, selbst bei Tage. Und Musik ist so wichtig wie die Blumen. Alles soll behaglich sein und warm, auf keinen Fall kalt.«

Ihr Geschmack ist nicht minimalistisch: »Mir gefällt es, wenn viele Dinge auf dem Tisch stehen: Blumen, Kerzen usw. Manchmal ist kaum Platz für das Essen, und dann beginnt mein Mann Dinge wegzuräumen!« Mit ihrem Hintergrund als Dekorateurin gestaltet sie gerne Tische mit einem Farbthema, das sie von den Servietten bis zu den Blumen ausgiebigst interpretiert.

Wie alle, die auf die Speisen selbst Wert legen, stören sie Düfte, ob bei Kerzen oder Blüten, da sie von den feinen Gerüchen des Essens ablenken. In ihrem Stil verbindet sie Altes und Neues, ein Stil, der erwachsen ist aus der Achtung für Wohlbefinden und der Freude daran, Gäste bewirten zu können.

MAHLZEITEN

Unsere täglichen Mahlzeiten – Frühstück, Mittag- und Abendessen zu Hause – sind naturgemäß das absolute Gegenteil zu einer formellen Festtafel. Daheim decken wir den Tisch vor allem danach, was gekocht wurde und eben praktisch ist. Innerhalb von 24 Stunden gibt es vielerlei Möglichkeiten einer Mahlzeit, ob schlichtes Frühstück (das am Wochenende ein kleines Gelage sein kann), der leichte Mittagssnack mit Freunden, ein Nachmittagstee als kleine Leckerei vielleicht, das legere Abendessen im Kreis der Familie oder gelegentlich eine elegante Abendeinladung bzw. ein großes Fest. Die Varianten unserer gewohnten Mahlzeiten werden mittlerweile immer vielfältiger, und sie beeinflussen – manchmal auch unbewusst – unsere Auswahl bei Geschirr und Gläsern bis hin zur Tischdecke oder zum Tischschmuck.

Nur zu leicht verfällt man beim Tischdecken einer praktischen und zeitsparenden Routine. Jedermann kann das Notwendigste auflegen, eben die immer gleichen Teller, Gläser und Decken. Aber es macht so viel mehr Freude, sowohl den Tisch zu decken wie auch später gemeinsam daran zu essen, wenn man bereit ist, einmal umzudenken, das Gewohnte beiseiteschiebt und sich von Farben oder Mustern inspirieren lässt. Vielleicht stehen hinten im Geschirrschrank einige Teller oder Schüsseln, die selten benutzt werden, oder Sie finden eine Alternative zu Ihrer gewohnten Tischdecke oder den Gläsern. Anders gesagt: Mit ein bisschen Fantasie und Fingerspitzengefühl können Sie den Tischalltag stilistisch bereichern und interessanter gestalten, Nüchternheit und Langeweile verscheuchen.

RECHTE SEITE In ihrem provenzalischen Bauernhaus hat Ebba Lopez eine Symphonie von Grau realisiert. Auf einem weiß und grau gestreiften Tischtuch von Linum hat sie rustikale, gesprenkelte Teller gedeckt, ferner graue Servietten, rauchig graue Wassergläser, sogar Kerzen mit einem Hauch von Grau – und dazu als Ergänzung graugrüne Rosmarinzweige aus dem Garten.
VORHERGEHENDE SEITEN Jeder Mahlzeit können Sie den Charakter eines besonderen Anlasses verleihen, wenn Sie der Zusammenstellung der Speisen und der Tischdekoration das bisschen Mehr an Aufmerksamkeit schenken. Dieser einladende Tisch ist eine Kreation von Gilles und Marianne Pellerin.

DAVID

Frühstück

Für viele Menschen ist das Frühstück nicht nur die wichtigste Mahlzeit des Tages, sondern auch jene, auf die sie sich am meisten freuen. Ohnehin bietet sich das Frühstück für einen kleinen Zusatzaufwand geradezu an, legt man doch damit den Grundstein für einen guten Start in den Tag.

Es gab Zeiten, da war das Frühstück, wie das englische »breakfast« ausdrückt, das Fastenbrechen der vorangegangenen Nacht. Früher fand die letzte Mahlzeit des Tages weit eher statt als heute, und die Menschen mussten länger ohne Essen auskommen, sodass sie mit dem Bedürfnis einer Stärkung aufwachten. Das Frühstück lieferte die Kraft für den Arbeitstag und war entsprechend deftig, wenngleich Bauern und manch andere bereits einige Stunden arbeiteten, ehe sie morgens aßen – und entsprechend hungrig waren. Im 19. Jahrhundert konnte man sagen: Je später jemand frühstückte, umso entspannter war ihr oder sein Leben. Heute haben wir meist zwei Arten von Frühstück: das alltägliche rasche Startpaket und das Wochenend- oder Urlaubsfrühstück, bei dem die nüchterne Mahlzeit zum kleinen Ereignis wird: unkompliziert, geruhsam, genüsslich und entspannt.

Sogar wenn Sie alleine sind – und eigentlich dann im Besonderen –, ist eine hübsche Gestaltung wirklich der Mühe wert, wie auch François Gilles sagt, der den Tisch ganz bewusst in eine sonnige Ecke platziert: »Ein Frühstückstisch sollte friedlich und ruhig wirken. Morgens bewegt sich mein Räderwerk langsam, und da wünsche ich

LINKE SEITE, GANZ LINKS Abigail Ahern hat hier einen ruhigen, farblich neutralen Frühstückstisch gedeckt: Teller und Müslischüssel aus mattschwarzem Steingut, eine Milchkanne von Rupert Spiro und alte französische Flaschen als Deko.

LINKE SEITE, RECHTS OBEN Es gibt keinen schöneren Start in den Tag als ein Frühstück im Freien bei gutem Wetter.

LINKE SEITE, RECHTS UNTEN Diese weißen Schüsseln, entworfen von John Pawson für When Objects Work, sind der Inbegriff von Schlichtheit.

UNTEN Frühstück bei den Starcaterern Stefan und Kristof Boxy in ihrem Haus am Stadtrand von Gent. Besonderer Blickfang sind die Früchte, vor allem die Walderdbeeren auf einer schweren Bleikristallplatte von Clarissa Berning.

Der Frühstückstisch in Carolyn Quartermaines Haus in Südfrankreich verbindet nonchalant und ruhig Altes und Neues: alte Bertoia-Stühle (Designklassiker des 20. Jahrhunderts), der Tischdeckenstoff aus Carolyn Quartermaines eigener Kollektion, antike französische Marmeladengläser und schlichtes weißes Porzellangeschirr.

mir einen sanften Start. Man braucht einen klaren Kopf, um den Tag zu strukturieren, und deshalb setze ich mich gerne hin und sinniere beim Frühstück, und zwar in einer angenehmen Atmosphäre, umgeben von Geschirr und anderen Dingen, die mir gefallen, darunter auch der marokkanische Teppich, der mich an mein Haus in Marokko erinnert.«

Abigail Ahern, die Besitzerin eines innovativen Laden-Ateliers gleichen Namens in London, liebt zeitgenössisches Design, Kontraste in Farben und Formen, während Carolyn Quartermaine oft in der Sonne frühstückt und entsprechend sonnige Farben und freundliche Formen für ihren Tisch auf der lichtdurchfluteten Dachterrasse ihres Hauses in Frankreich wählt.

Wenn das Frühstück mit einer Einladung für Freunde verbunden ist oder sogar in einen Brunch übergeht, dann sollte der Tisch besonders einladend wirken. An leichtesten gelingt dies, wenn bereits ein paar Häppchen gedeckt sind und andeuten, welche kulinarischen Freuden die Gäste erwarten. Etwas Essbares auf dem Tisch macht so viel mehr Appetit als nur Teller und Besteck. Es genügen schon ein Brot oder ein Korb mit Croissants, eine Schüssel mit Früchten oder Marmeladen in Gläsern oder in kleinen Schalen mit Löffelchen, eventuell einzelne Buttergefäße, und nicht zu vergessen hübsche Saftgläser.

Die Wahl des Geschirrs und der Gläser ist wichtiger, als man vielleicht denkt. Bei Tageslicht betrachtet entfalten sich Farben, Formen und Oberflächen auf besondere Art. Tassen sollten groß genug sein für eine ordentliche Portion Tee oder Kaffee. Heitere Farben eignen sich bestens, vor allem an einem regengrauen Morgen, und eine leuchtende Tischdecke verheißt einen positiven Start. Sogar jene Puristen, für die sonst Weiß das unumstößliche Gebot ist, erlauben etwas Farbe für den Morgen. Dies gilt auch für die Servietten, die sich von der Tischdecke abheben können und ausreichend groß sein sollten. Ferner ist einfachen Blumen immer der Vorzug zu geben, besonders wenn sie frisch aus dem Garten kommen. Der Frühstückstisch ist nicht der Ort für imposante Gebinde.

OBEN UND RECHTS
Sein Frühstückstisch ist François Gilles heilig. In einem Raum mit sandfarbenen Wänden hat er auf einer alten Tischdecke einige seiner Lieblingsstücke arrangiert: weiß-grüne Tassen mit Bogenmuster aus Österreich, eine marokkanische Teekanne und dickwandige Keramikschalen. Auf Klapptischchen finden die übrigen Frühstücksutensilien Platz.

FRÖHLICHER START IN DEN TAG Auf einer leuchtend bunten Tischdecke hat Designer Voon Wong für das Frühstück gedeckt. Seine Ausbildung als Architekt beeinflusste sicher auch seine Vorliebe für runde keramische Formen.

In einer Partnerschaft mit Benson Sawe hat Voon Wong eine Serie von bezaubernden, reflektierenden Porzellangefäßen in amorphen, zierlichen Formen entworfen, die für ihn bei einer der größten chinesischen Porzellanmanufakturen in Serie gingen. Es gibt drei verschiedene Kombinationen: eines aus runden, untereinander verbundenen Formen, einen großen runden Teller mit Vertiefungen unterschiedlicher Größe und eine fast skulpturhafte Schale.

Voon Wongs Frühstückstisch in seinem Londoner Studio wirkt einladend und zwanglos. Mit den selbst entworfenen verbundenen Würzschälchen hat man allerlei Feines schnell zur Hand.

OBEN Die modernen Porzellanteller von Voon Benson verbinden ein hochwertiges traditionelles Material mit schlichten, skulpturalen Formen. UNTEN Schlichte Schalen und Teller sind hier mit Platten kombiniert, die aufgefalteten Taschentüchern gleichen. Im Kontrast zum Weiß des Geschirrs wirken die bunten Streifen der Decke besonders frisch und einladend.

RECHTE SEITE Die kleinen verbundenen Würzschälchen lassen an Regentropfen oder Wolken denken. Sie sind ideal für all die Köstlichkeiten eines vollkommenen, geruhsamen Frühstücks.

LINKE SEITE Auf einem fein lackierten Holztisch haben Keith Johnson und Glen Senk Teller des eigenen Unternehmens Anthropologie gedeckt. Auf ihnen finden sich alte Stencil-Muster und Kopien von Gemälden. Zum Geschirr kombinieren sie Bechergläser und einen Saftkrug aus Pressglas.
RECHTS Zu Hause bei Gilles und Marianne Pellerin in Südfrankreich ist das Mittagessen eine Zeit der Gelassenheit und Entspannung. Auf einem langen Holztisch der Collection Privée wurde eine Reihe kalter Gerichte aufgedeckt.

Mittagessen

Es ist wunderbar, sich in der Mitte des Tages eine erfrischende Pause zu gönnen, um sich mit Freunden zu treffen oder einen entspannenden »Boxenstopp« im Kreis der Familie zu genießen, ehe man sich den Aktivitäten des verbleibenden Tages zuwendet.

Der Lunch ist nicht nur im deutschen Sprachraum ein Neuling, sondern auch als Mittagsmahl in den angelsächsischen Ländern relativ jung. Ursprünglich waren »dinner« (die Hauptmahlzeit zu Mittag) und das abendliche »supper« die gewohnten Begriffe. Abgesehen von den wohlhabenden Kreisen aß man »supper« früher als heute, denn Kerzen waren für viele Familien der Arbeiterklasse unbezahlbar. Bis zum späten 18. bzw. frühen 19. Jahrhundert hatte sich das »dinner« in den Abend verlagert, ein »supper« wurde nur noch in Ausnahmefällen serviert, und »luncheon« fand seinen Platz zur Überbrückung der ziemlich langen Zeitspanne zwischen Frühstück und Dinner.

Die »ladies who lunch« gab es bereits früher, denn im 19. Jahrhundert luden sich die Damen der Gesellschaft zu »light luncheons« ein, bei denen die Männer selten dabei waren. In Deutschland, Österreich und der Schweiz wird traditionell am Mittag eine warme Mahlzeit serviert, im übrigen Europa hingegen eine kleine Zwischenmahlzeit. Daher ist der Tisch dort zu Mittag einfacher gedeckt als zum Abendessen, weniger förmlich und in der Art, dass sich alle mehr oder weniger selbst bedienen.

Im 19. Jahrhundert bestand ein maßgeblicher Unterschied zwischen der immer weißen Damasttafeldecke für das formelle Dinner und dem Tischtuch für den Lunch.

Auf den Tisch, oft ein kostbares Familienerbstück, legte man ein Tuch mit Spitzeneinsätzen oder Durchbruchstickerei oder eine Art rechteckigen Läufer, sodass man die feine Oberfläche sehen konnte.

Läufer sind heute wieder en vogue. Abigail Ahern, die – ungeachtet des Anlasses – alles Förmliche auf einem Tisch hasst, benutzt sie überaus gerne, zum Beispiel einen sehr originellen aus plissiertem Filz bei sich zu Hause. Ebba Lopez, in Frankreich, schätzt Läufer zu Mahlzeiten im Freien, und das Gleiche gilt für Marianne Pellerin, die sie nicht der Länge nach auflegt, sondern mehrere quer über den Tisch.

Traditionell gehörte zum täglichen Mittagessen ein schlichtes Geschirr. Servierschüsseln und -teller hatten entweder einen Rand (und waren damit auch für Festtage geeignet) oder waren randlos. Keramik- und Steingutteller genügten für das Mittagsmahl, während das feinere Porzellan für die förmlichen Abendeinladungen oder den Sonntagsbraten reserviert war.

Abigail Ahern denkt darüber heute noch genauso: »Ich hasse förmliche Mittagstische, wenngleich Blumen ein absolutes Muss sind, ebenso wie Teelichter auf dem Tisch und im Raum. Ich mag ein gewisses Maß an Improvisation und daher gerne von Hand gearbeitetes Geschirr wie von Davda – mit klaren Formen und natürlich wirkenden Farbglasuren.« Diese Teile mischt sie gerne mit anderen Designstücken. Jedes Gedeck soll anders sein. Und sie serviert, wie sie zusammenfasst, »wirklich schlichte, unkomplizierte Speisen. Dass sie gut aussehen, das ist dem hochwertigen Geschirr zu verdanken.«

OBEN LINKS Ebba Lopez hat in ihrem französischen Haus für einen provenzalischen Lunch im Freien gedeckt. Auf einem grob gewebten, indigoblauen Tuch stehen Tontöpfchen in traditionellen Formen für Saucisses, Oliven und deftige Saucen.
RECHTS Abigail Ahern gefällt ein legerer Lunchtisch. Der plissierte Filzläufer kontrastiert mit den überaus schlichten, von Hand glasierten Tellern und Schalen von Davda in sanften, natürlichen Farbtönen.

LEICHTER SOMMERLUNCH Das Haus der Interior Designerin Marianne Pellerin und ihres Mannes Gilles liegt in den Hügeln oberhalb von Cannes und spiegelt in perfekter Form die Professionalität der beiden.

Zu Mittag essen sie manchmal im Garten, aber wenn in der mediterranen Landschaft die Mittagssonne zu sehr herunterbrennt, dann ist es kühler und angenehmer, im Esszimmer zu speisen, das auf die Terrasse blickt.

Der lange Tisch aus altem Holz ist mit Sets und darauf mehreren Tellern in leicht unterschiedlichen Formen, einige eckig, andere rund, eingedeckt. Trotz der verschiedenfarbigen Einzelteile bleiben sie doch innerhalb einer bestimmten, von Marianne Pellerin bevorzugten Farbskala, wie sie erläutert: »Immer sind es Nuancen von Grau, Taupe und Creme, da sie die perfekten Fondfarben sind, ruhig und kühl. Es ist wichtig, dass nichts das Auge stört und vom Essen ablenkt. Daher mag ich gedämpftes Licht, der Tisch ist eine Insel weichen Kerzenlichts in einer dämmrigen Umgebung.«

Lilien, Hortensien und Rosen – alle in Weiß – füllen klare Glasvasen. »Ich halte die Blumenarrangements immer niedrig, sodass man sich über sie hinweg unterhalten kann, und die Farbe stimme ich jeweils auf das Menü ab.« Weiter führt Marianne Pellerin aus: »Ein Tisch ist nicht wirklich gedeckt, bis das Essen aufgetragen ist, auch wenn er ohne Speisen noch so reizvoll aussehen mag.« Das bedeutet natürlich, dass, wie hier, Geschirr und Gerichte miteinander harmonieren müssen. »Das Porzellan hat«, so Marianne Pellerin, »die ideale Farbe für die kräftigen Farben der mediterranen Küche, die wir so genießen, das heißt im Süden Frankreichs vor allem Gemüse, die auf vielen kleinen Platten angerichtet werden. Solange das gut aussieht, gelingt auch alles andere.«

»Ein Tisch ist nicht wirklich gedeckt, bis das Essen aufgetragen ist, auch wenn er ohne Speisen noch so reizvoll aussehen mag.«

OBEN Im Haus Pellerin werden Blumen immer sehr sparsam dekoriert.
LINKS Für Marianne Pellerin ist das wichtigste Element bei jeder Tischgestaltung das Essen selbst, und daher sollen Geschirr, Gläser und Besteck dazu dienen, es in seiner Wirkung abzurunden, ja hervorzuheben.
RECHTE SEITE Von Porcelaine Blanche in Cannes stammen die rechteckigen weißen Teller mit den gebogten Rändern. Sie erzeugen einen markanten Kontrast zu den gebratenen Gemüsen in leuchtenden Farben. Die Gedecke ergänzen Trinkgläser von Mulberry und grob gewebte Tischsets in Braungrau.

Nachmittagstee

Mitte des 19. Jahrhunderts wurde der Nachmittagstee als gesellschaftliches Ereignis derart beliebt, dass in Großbritannien dafür ein »tea-gown« in Mode kam, ein Nachmittagskleid, leichter als die Morgenrobe oder das Kleid für den Spaziergang. Aus dem Kleiderschrank einer modischen Dame war es nicht mehr wegzudenken.

Der Nachmittagstee darf in den angelsächsischen Ländern keineswegs mit dem »high tea« verwechselt werden. Dieser ist eine regelrechte Mahlzeit, die sich vor allem im Norden Großbritanniens als eine Art Hauptmahlzeit am Ende eines Arbeitstages entwickelte und am frühen Abend stattfand. Der Nachmittagstee ist etwas völlig anderes – eine leichte Mahlzeit, bei der Tee, traditionell aus Indien oder China, gereicht wurde. Heute können es auch Kräutertees sein, obwohl Puristen dabei die Nase rümpfen.

In Großbritannien gab es als kulinarische Begleitung zum Tee, der immer in einer Kanne

aufgebrüht wird, dünne dreieckige Toastscheiben ohne Kruste, belegt mit Ei, Fleischpastete, Gurkenscheiben und Kresse. Inzwischen scheint die Teezeremonie eine kleine Renaissance zu erleben, und dies ist sehr schön, denn sie gehört zu den einfachsten und angenehmsten Formen der Gastfreundschaft. Was könnte einladender sein, als auf einem Tisch im Freien oder im Haus ein paar hübsche Tassen auf einer der typischen kleinen Tischdecken, wie man sie noch auf Trödelmärkten findet, zu decken?

Voller Überzeugung bestätigt dies Tricia Foley: »Ich serviere in der Regel drei verschiedene Tees, schwarz, grün und aus Kräutern. Dazu meist Sandwiches mit Gurken, andere mit Cheddarkäse und Chutney und eine Sorte mit Kräutern und Gartengrün. Das Brot muss richtig dünn geschnitten sein. Gelegentlich serviere ich auch Shortbread.«

LINKE SEITE
OBEN LINKS UND UNTEN Auf dem Sonnendeck ihres Hauses am Wasser hat Tricia Foley zum Tee gedeckt. Kanne und Tassen stehen noch auf einem kleinen Beistelltisch an der Hauswand.

OBEN RECHTS Für die klassische Teestunde greifen Glen Senk und Keith Johnson gerne zu Attraktivem und Nützlichem, hier ein originelles weißes Porzellanteeset mit Milchkännchen, Zuckerdose und Kanne, eine alte Gebäckplatte und blau-weiße Tassen im Chinadekor.

UNTEN Im Wohnzimmer ihres Hauses auf Long Island hat Tricia Foley alles für eine elegante Einladung zu Tee und Kuchen vorbereitet. Sie sammelt cremefarbene Gefäße und mixt auf einem Tisch alte und neue Stücke als Kontrapunkt zum schwarzen Teegeschirr aus dunklem Steinzeug. Eine kleine Sammlung von Glasobjekten und Keramik hat Tricia Foley auf dem Schränkchen und dem Kaminsims im Hintergrund geschmackvoll arrangiert.

SÜSSES NASCHWERK Wenn es eine Nachmittagseinladung gibt, die jeden noch so großen Aufwand wert ist, dann ein kleines Fest für Kinder. Ob es nun zwei oder zehn kleine Gäste sind, man wird immer reich belohnt, insbesondere wenn man sich die Zeit für einen hübschen Tisch genommen hat.

Louise Nason, die Besitzerin des berühmten Londoner Schokoladengeschäftes Melt und bekannt als Chocolate-Queen, scheut keine Mühen, wann immer sie einen Kindertisch mit allem, was ein Kind (wahrscheinlich ein Mädchen) sich wünschen könnte, dekoriert. Dazu gehören durchaus Blumen. Gerne serviert sie kleine Portionen farbenfroher Speisen, erst etwas Herzhaftes, dann Süßes, zum Beispiel Törtchen, Früchte und natürlich etwas aus Schokolade wie süße Bambis. Manchmal legt sie noch kleine Geschenke dazu, wie ein Set kleiner Backgeräte, zusammengebunden mit einem hübschen Band. »Bleiben Sie beim Einfachen und übertreiben Sie die Deko nicht«, ist ihr Rat, auch die Tischdecke betreffend, denn immer fällt ein Getränk um. Eine schöne Idee ist eine große weiße Papiertischdecke mit einem kleinen Set von Buntstiften an jedem Platz.

»Bleiben Sie beim Einfachen, und übertreiben Sie die Deko nicht.«

LINKE SEITE Zum Tee für ihre Kinder und deren Freunde hat Louise Nason einen kleinen Tisch mit passenden Stühlen hergerichtet. Hübsch und zugleich praktisch ist die bodenlange, pink karierte Tischdecke.
LINKS Einzelne Portionen süßen Naschwerks hat sie in kleinen Pastetenformen mit ebenfalls kleinen Löffeln angerichtet.
OBEN Dieses süße Bambi ist zum Essen fast zu schade, aber dennoch könnte kein Kind widerstehen!

Dinner

Im englischen Sprachraum stellt sich als Erstes die Frage: Geht es um »dinner« oder »supper«? Und ist es »dinner«, wird es mittags oder abends eingenommen?

OBEN Der Tischdekoration für ein Dinner sind keine Grenzen gesetzt. Servieren Sie asiatische Gerichte, so bietet es sich an, auch beim Decken eine fernöstliche Note zu kreieren. RECHTE SEITE Die Linie dieses Dinnertisches ist kompromisslos modern und gleichfalls skandinavisch: mit finnischen Gläsern und schwedischen Tellern. Die gerippten kräftigen Sets in Schwarz stehen im Kontrast zum fein gemaserten Holztisch.

Historisch gesehen war das Dinner die wichtigste und nahrhafteste Mahlzeit am Tag und wurde mittags gegessen, ergänzt durch einen Snack, meist als »supper« bezeichnet, vor der abendlichen Ruhe. Schlafenszeit war früher weit zeitiger als heutzutage.

Im Verlauf der Jahrhunderte wurde Beleuchtung billiger. Die Menschen hatten mehr Freizeit, und die Schlafenszeit verschob sich weiter in die Nacht – und mit ihr die »dinner time«. Noch Mitte des 18. Jahrhunderts lag sie gegen 15 oder 16 Uhr, im 19. Jahrhundert war sie bereits fest im frühen Abend verankert. Für viele Personen ist dies mit geringen Abweichungen so geblieben.

Supper als zusätzliche Mahlzeit ist vollkommen verschwunden, doch der Begriff wird weiterhin als Alternative zu Dinner verwendet, und wenn Freunde dazu eingeladen sind, kann man davon ausgehen, dass es weit legerer als bei einem Dinner zugeht. Das familiäre, kalte Abendbrot in Deutschland entspricht dem Supper. Eine Essenseinladung am Abend ist die am weitesten verbreitete, zumal dann der Arbeitstag hinter einem liegt und man Zeit hat, zu entspannen, zu plaudern und gut zu essen. Es gibt kaum etwas Angenehmeres, als abends

LINKE SEITE François Gilles ist ein so enthusiastischer Sammler wie Designer. Für diesen Tisch, inspiriert von den 1950ern und von Marokko, hat er ungewöhnliche Keramik aus der Werkstatt von Anne Stocke gedeckt.
LINKS Kein Tisch von Ebba Lopez kommt ohne Farbe aus. Und die ausgewählten Speisen unterstreichen die Wirkung der Gedecke noch.
UNTEN Voon Wongs flexible neue Porzellanserie passt für ein Frühstück so gut wie für das Dinner. Die schlichten Teller und Schalen sowie die verbundenen Schälchen heben sich eindrucksvoll von der schwarzen Hochglanztischplatte ab.

zu einem Essen vorbeizukommen – und das Decken eines reizvollen und einladenden Tisches trägt wesentlich zum Erlebnis bei.

Zum wesentlichen Unterschied zwischen einem informellen Dinner und einem formellen trägt die Ungezwungenheit, was das Essen und die Gestaltung angeht, bei. Glen Senk und Keith Johnson etwa betonen, dass sie größten Wert auf Behaglichkeit und Lockerheit legen, ebenso wie die Designerin Ebba Lopez bei ihrem Dinner in der Küche, wo sie den Tisch mit außergewöhnlichen Textilien und ausgefallenem Geschirr gedeckt hat. Jeder Anflug von Förmlichkeit wird durch die behagliche Atmosphäre des Raumes aufgehoben. Die Autorin Meredith Etherington-Smith unterstreicht das Lässige und Heitere, wenn sie den Tisch mit Muschelobjekten und Bechern im Leopardendesign deckt. Interior Designer François Gilles, der passioniert mit Farben arbeitet, denkt ebenso und verleiht seinem von Marokko inspirierten Dinnertisch heitere Akkorde sprühender Farben und Muster.

Für Voon Wong ist ein Dinner gleichfalls eine legere Angelegenheit, ein Essen im asiatischen Stil, etwa vietnamesisch, wobei kleine Fleisch- und Gemüsebeilagen einen Nudelsalat begleiten. Seine raffinierten Porzellanvorspeisenteller und die Würzschälchen laden förmlich dazu ein, völlig entspannt zu genießen.

MONOCHROME TAFEL Nicht überschwängliche Farbenfreude, sondern einen minimalistischen Stil favorisiert der Architekt und Designer John Pawson in seinem häuslichen Umfeld. Seine Ästhetik bringt er auch in Entwürfen für Beatrice Delafontaines Firma »When Objects Work« zum Ausdruck, darunter schlichtes, aber sehr raffiniertes Geschirr.

Das Besteck, Messer, Gabel und Löffel, entwarf er ursprünglich im Rahmen eines architektonischen Mammutprojektes, eines neuen Zisterzienserklosters in Rumänien. Dort beobachtete er, dass die Mönche ihr Besteck eingewickelt zum Essen mitbrachten und anschließend wieder mitnahmen. Er wollte etwas ebenso Einfaches und Gutaussehendes designen.

Pawson entwarf auch ein weißes Service, das neben großen Schüsseln und Kerzenhaltern einen perfekt geformten Krug und einen beidseitig verwendbaren Teller umfasst. Die Zwillingsbrüder Stefan und Kristof Boxy zählen zu Belgiens besten Küchenchefs und haben von einem Sternerestaurant ins Catering-Business gewechselt. Pawsons Kreationen sind der ideale Rahmen für die köstlichen und wunderschön angerichteten Speisen. Eine Präsentation dieser Art steigert den Eindruck – und den Spaß – einer Dinnertafel.

Beatrice Delafontaine selbst durchlief die strenge Schule des Tischdeckens ihrer Großmutter und erzählt: »Sie lehrte mich, dass der erste Eindruck eines Tisches der ausschlaggebende ist. Sie zeigte mir, wie ich sicherstellen konnte, dass bei jedem Gedeck die Griffe von Messern und Gabeln an die Tischkante stießen. Um bequem sitzen und sich unterhalten zu können, sollte jedes Gedeck 60 bis 70 Zentimeter Platz haben.« Ihrer Meinung nach ist Form wichtiger als Farbe, was auch in ihren eleganten Gedecken deutlich wird.

»Bei Tisch sollten Sie die Möglichkeit haben, sich mit Personen in Ihrer Nähe zu unterhalten.«

OBEN UND RECHTE SEITE John Pawsons Gedecke sind so apart wie funktional. Der Teller heißt »Teller/Schale« und hält genau das, was er verspricht: die Unterseite konkav als flache Schale, hier wurde Bries, überbacken und mit Schokolade bestäubt, darin angerichtet, die andere Seite flach genug für einen fantasievoll zubereiteten Kaisergranat. Wasser- und Weingläser haben keinerlei Verzierung und sind sehr angenehm zu halten, die Besteckteile so funktionell wie optisch attraktiv.

RECHTS Das Esszimmer der Boxy-Brüder, ein Entwurf von Maarten van Severen, grenzt unmittelbar an den Garten. Verspiegelte Paneele sowie eine lange Glaswand trennen den Raum von der Küche.

SPIELERISCHES DEKOR Vicente Wolf ist ein Allrounder. Einerseits angesehener Autor und Fotograf, verbucht er andererseits Erfolge als produktiver Designer mit Sitz in New York. Hier entwirft er nicht nur clevere, klare Interieurs, sondern auch Möbel, Textilien, Geschirr und Besteck.

In Vicente Wolfs Sommerhaus in Montauk, Long Island, ist alles auf ein entspannendes Leben im Sommer abgestimmt, und das gilt auch für die Art, wie Tische arrangiert und eingedeckt werden. »Alles, was ich in diesem Haus gestalte, hat spielerischen Charakter – hier habe ich die Muße, über die Tischdekoration nachzudenken und ihr eine fantasievoll-romantische Note zu verleihen.«

Immer schon ist er leidenschaftlich gerne gereist und hat gesammelt – Schwarz-Weiß-Fotografien ebenso wie goldene Buddhas. Aber er ordnet seine Sammlungen nicht zur ehrfürchtigen Betrachtung. Ihm gefällt es, die Stücke zu benutzen, indem er sie dekoriert und damit sein Haus bereichert und verschönert.

Rund um die Gedecke mit Tellern und Silberbesteck – allesamt eigene Entwürfe – gruppiert er gerne sehr individuell geformte blaue Fläschchen, die er über die Jahre zusammengetragen hat. »Ich glaube«, erzählt er, »Dinge erwählen sich uns als Sammler, und nicht umgekehrt. Mit den Fläschchen begann es damit, dass ich die ersten bei privaten Flohmärkten erstand, weitere dann in einem Trödelladen im nahen Bridgehampton. Und schließlich kaufte ich sie überall auf der Welt, ob in Paris, Amsterdam oder im Vorderen Orient. Stehen mehrere von ihnen zusammen, so realisiert man plötzlich, dass das Blau des Glases das Licht des Sommers ebenso einfängt wie das Blau des Ozeans. In die Fläschchen stelle ich Blumen aus dem Garten, und weil alle so unterschiedlich sind, wirkt der Tisch üppig, aber nicht überladen. Dies ist eine sehr individuelle Art des Blumendekors und würde nicht gelingen, nähme ich Väschen in verschiedenen Farben. So aber besteht eine gewisse Einheitlichkeit und das Ensemble wirkt nicht zu gestylt. Dies ist einer der seltenen Fälle, wo mehr tatsächlich mehr ist.«

OBEN Vicente Wolf ist nicht nur Innenarchitekt, sondern entwirft auch Möbel, Geschirr und Besteck. Das Gedeck dieses Tisches liefert ein exzellentes Beispiel seiner Arbeit.

LINKS Stets verbindet Vicente Wolf das Schlichte mit dem Raffinierten. »Üppig« nannte er selbst diesen Tisch, hier ist mehr eindeutig mehr.

RECHTE SEITE Der Tisch mit der dicken weißen Platte und die in Hussen gehüllten Stühle bilden einen edlen Rahmen für die Dekoration: zwanglos aufgestellte Fotografien und einige Stücke aus seiner Sammlung von kleinen, ungewöhnlichen Glasfläschchen.

»Alles, was ich in diesem Haus gestalte, hat spielerischen Charakter.«

LINKS In ihrem Garten auf Long Island hat Diane Fisher-Martinson unter einer Pergola zum Lunch gedeckt: praktisch und hübsch zugleich. Den Tisch mit der hellen Kalksteinplatte auf einem Metallgestell schmücken Kräuter in Steingefäßen.
UNTEN Damit ihre Gäste auch die Aussicht auf die Bucht von Cannes genießen können, deckt Marianne Pellerin den Tisch sehr gerne in dieser geschützten Ecke ihres Gartens am Swimmingpool.
RECHTE SEITE Unter einem alten Olivenbaum, der wunderbar vor der grellen Mittagssonne schützt, deckt Nicolette Schouten in ihrem Garten gerne für ein einfaches, kleines Mittagsmahl. Der Metalltisch ist ebenso schlicht wie die klassischen Klappstühle.

Essen im Freien

Im Freien zu essen ist ein Erlebnis für sich. In unserer Vorstellung verbinden wir mit einer Mahlzeit bei Tage warmes Wetter, aber nicht unerträgliche Hitze, Sonne und die Gerüche und Geräusche des Sommers um uns herum.

Für einen Abend im Freien stellen wir uns gerne einen Sternenhimmel vor, das Dunkel erhellt von weichem Kerzenlicht und Laternen, und Wolken von Blütenduft, die uns einhüllen. Natürlich sieht die Realität vor allem in nördlichen Gefilden ganz anders aus, aber den Reiz, im Freien zu essen, können wir dennoch nicht leugnen. Die Voraussetzung dafür zu schaffen ist nicht schwierig. Beginnen Sie mit den Sitzgelegenheiten. Ob Kissen und Decken im Gras oder gepolsterte Stühle, sie sollten auf jeden Fall bequem sein. Als Zweites ist Sonnenschutz wichtig, ob natürlich oder künstlich, denn Sommertage können unangenehm grell und heiß sein. Als dritter Punkt sollten die Speisen trotz hübscher Präsentation so unkompliziert und natürlich sein wie das Umfeld.

Alle Fans des Essens im Freien arrangieren gerne etwas Besonderes für den Essplatz. Diane Fisher-Martinson ließ in ihrem Garten auf Long Island sogar eine Pergola bauen, unter der sie und ihr Mann, ebenfalls ein passionierter Gärtner, einen »Lunch für

Gärtner« genießen können. Sie entwarfen dafür einen großen Metalltisch mit einer Kalksteinplatte, der das ganze Jahr über draußen bleiben kann. Im Garten stehen große Bambushorste, und daher taucht Bambus auch am Tisch auf: bei Servierplatten, Untersetzern, Besteck und sogar bei der Thermoskanne. Anstatt Blumen dekorieren sie Kräuter in Blech- und alten Steintöpfen.

Auch Nicolette Schouten isst gerne unter ihrer Pergola an einem großen runden Tisch mit einem drehbaren Tablett in der Mitte. Für privatere Mahlzeiten nutzt sie einen kleinen Tisch im Schatten eines ausladenden alten Olivenbaums in einem anderen Teil des Gartens.

Carolyn Quartermaine deckt sowohl mittags als auch abends in ihrem winzigen Garten in Südfrankreich. In dieser Region, wo eine Mahlzeit unter freiem Himmel fast zum Alltag gehört, hat auch Marianne Pellerin einen Essplatz auf einer Terrasse geschaffen, wo man über den Pool hinweg auf die Bucht von Cannes und ihr nächtliches Lichtermeer blickt. Anstatt einer großen Decke legt sie Läufer quer über den Tisch und platziert an jedem Tischende kleine, schwere Vasen mit Blumen.

Jenseits des Atlantiks hat Peri Wolfman die

LINKE SEITE In der äußersten Ecke ihres Gartens, die einen herrlichen Blick über die Bucht von Cannes eröffnet, hat Nicolette Schouten eine Pergola gebaut, über die eine herrliche Glyzinie rankt. An dem extragroßen Tisch mit einer Steinplatte auf einem Metallgestell finden zwölf Personen bequem Platz. Mit dem Drehteller in der Mitte, im Englischen »Lazy Susan« genannt, haben alle Gäste leichten Zugriff zu den köstlichen Speisen.
OBEN LINKS In der Pergola deckt Nicolette Schouten bewusst schlicht. Der schöne Platz und die Aussicht brauchen keine Konkurrenz.
OBEN RECHTS Dieser Mittagstisch will nicht beeindrucken, sondern mit altem Porzellan und klassischem Gartenmobiliar auf ein entspannendes sommerliches Mittagsmahl einstimmen.

LINKS Die Pergola, in die Nicolette Schouten einlädt, liegt am Ende eines lang gestreckten kühlen Arkadenganges, über den neben dem Swimmingpool grüne Ranken wuchern.

Kunst eines schmucken, doch windsicheren Tisches perfektioniert. Die häufig windige Terrasse ihres modernen Hauses auf Long Island diente der Designerin für Tischgeschirr als Versuchsfeld. Eine schwere (waschbare) Marseille-Quiltdecke nutzt sie als Tischtuch und beschwert es mit ebenso dekorativen wie funktionellen Steinen vom Strand.

Nathan Turner lädt in seinem Garten in Kalifornien gerne zu Festen unter einem bestimmten Motto ein, und vor allem sollen sie farbenfroh und vergnüglich sein, Feste voller Lichter und Laternen.

Agnès Emery, eine der erfolgreichsten Designerinnen in Belgien, ist eine wahre Künstlerin. Ihr gelingt nicht nur innovatives Interior Design, sondern sie entwirft auch Keramik- und Glasobjekte, Tapeten und Textilien. Für sie ähnelt eine Mahlzeit im Freien fast einer künstlerischen Studie. Im Mittelpunkt stehen die Speisen, und erst wenn sie über die Menüfolge entschieden hat, sucht sie Geschirr, Textilien etc., die die Gerichte optimal zur Geltung bringen. Entscheidend ist die Kombination von Farben und Strukturen – und natürlich die Freude am Essen selbst.

OBEN UND RECHTS In ihrem Haus auf Long Island isst Peri Wolfman mit großer Begeisterung im Freien. Das Tischtuch ist eine Marseille-Quiltdecke, schwer genug, um nicht weggeweht zu werden, und leicht waschbar. Dekoriert hat sie mit hübschem Strandgut, darunter große Kiesel, die die Decke beschweren. Die großen blau-weißen Servietten setzen kleine Farbakzente.
RECHTE SEITE Marianne Pellerin hat auf ihrer Poolterrasse zum Mittagessen gedeckt. Quer über den Glastisch sind Läufer gebreitet und darauf rechteckige Teller unterschiedlicher Größe arrangiert.

LINKS Ob drinnen oder draußen – immer sind John Saladinos Tische und Essplätze sowohl dekorativ als auch überaus bequem und gemütlich.
RECHTS Auf einer Terrasse hat Saladino ein hochlehniges Sofa mit vielen Kissen bestückt und auf dem runden Steintisch schlichte weiße Teller gedeckt. Besonders dekorativ wirken die Messer und Gabeln mit bemalten Porzellangriffen im chinesischen Stil sowie die irisierenden Gläser. In einer schlichten Glasvase stehen Blüten und Blattschmuck aus dem Garten.

ZWIEGESPRÄCH MIT DER NATUR Neben seinem Wohnsitz in Manhattan, wo John Saladino gerne im Garten isst, »um die Blumen zu riechen und die Vögel singen zu hören«, besitzt er ein bezauberndes, modernes Haus in den Hügeln von Santa Barbara, Kalifornien.

Dort hat er Garten im Überfluss und nutzt ihn ausgiebig. Verschiedene Plätze, die unvergessliche Ausblicke bieten, hat er mit Tischen, Stühlen und Sofas möbliert, sind sie doch perfekte Orte für eine Teepause, Drinks, ein Mittag- oder Abendessen. »Das Schöne an einer Mahlzeit im Freien ist, dass alles so viel ungezwungener als im Haus ablaufen kann. Man kann auf Sofas voller bequemer Kissen sitzen, Keramikgeschirr statt feines Porzellan benutzen und viel lustigere, kräftigere Farben einsetzen. Sparen Sie Ihr bestes Kristall und das Silber für drinnen auf – draußen ist es wirklich fehl am Platz«, rät Saladino. Eine gute Idee, denn damit hat man Gelegenheit, etwa ausgefallenes Besteck, wie in Saladinos Fall das mit den bemalten Porzellangriffen, zu verwenden. Auch bei den Blumen plädiert er für schlichte aus dem Garten, die er in Gläser oder kleine Vasen dekoriert. Marmor oder anderer Stein ist das ideale, da witterungsbeständige Material für Tischplatten, aber wenn Sie den-

»Das Schöne an einer Mahlzeit im Freien ist, dass alles so viel ungezwungener als im Haus ablaufen kann.«

LINKE SEITE Papierspitzendeckchen hatte man lange schon als altmodisch vom Tisch verbannt. John Saladino jedoch hat ihnen wieder einen Platz verschafft, hier als schmückende Einlage zwischen einem schlichten Teller und dem Vorspeisentellerchen. RECHTS John Saladino achtet noch auf das kleinste Detail. Große Servietten sind ihm wichtig, und diese haben nicht nur die richtige Größe, sondern sind mit der Durchbruchstickerei auch besonders apart.

noch eine Decke auflegen wollen, dann, so Saladinos Vorschlag, sind ein alter Bettüberwurf oder eine extragroße farbenfrohe Decke der klassischen weißen vorzuziehen.

Draußen bietet sich auch die Gelegenheit, einen lustigen Blickfang in der Tischmitte zu dekorieren, weiß Saladino: »Vielleicht einen Sandberg, in dem Sie die Töpfchen für Schnittlauchbüschel verstecken können, und die dann wie Grashalme in der Wüste wirken. Und wenn Sie Seafood servieren, macht es sich gut, ein paar Muscheln über den Tisch zu verstreuen.«

Nehmen Sie Schmückendes, das zum Essplatz passt: alte Tontöpfe zum Beispiel, die Sie mit Wachspapier auskleiden, und lassen Sie dann Trauben oder Kirschen über den Rand hängen. Saladino rät: »Gemüse wie Fenchel haben eine unglaublich markante Form und machen sich hervorragend in einer Schüssel, oder Bündel von Spargel, zusammengebunden mit einem Band und entlang der Mittellinie eines Tisches dekoriert.«

Immer erfindungsreich und fantasievoll, sprüht Saladino förmlich vor Ideen, wie er Dinge aus dem Haus auf dem Tisch als Deko einsetzen kann: »Wenn Sie wenig ausgeben wollen, dann verwenden Sie Objekte, die Sie bereits haben. Denken Sie quer! Wie wäre es mit ein paar Spielzeugsoldaten, die Sie wie zu einer Parade aufstellen?« John Saladinos Botschaft ist einfach: Es ist Sommer, wir sind draußen, und haben Sie Spaß!

UNTEN Die Botschaft der Flaschenpost ist eindeutig: Das Meer ist das Motto dieses Tischs, und doch ist Alison Prices Garten in London weit von der See entfernt. Neben den kleinen Buddelschiffflaschen greifen bedruckte Tischläufer und Servietten in Weiß das Meeresthema auf.
RECHTS Der Tisch selbst ist übersät mit echten und ornamentalen Muscheln, wobei einige als Salz- und Pfefferschälchen dienen. Als Gegengewicht zu den Blumenbouquets von Rosen und Hortensien auf dem hoch aufragenden Holzständer finden sich einzelne Blüten und kleine Vasen auf der Tischplatte.
RECHTE SEITE Das Meeresthema gilt hier auch für die Speisen: ein Krebssalat, angerichtet in schlichten weißen Schalen.

SOMMERLUNCH IN EINEM STADTGARTEN Alison Price, bekannt als Organisatorin fantastischer Partys im kleinen und großen Rahmen, lebt auf dem Land und in der Stadt. Das Draußensein genießen zu können ist ihr extrem wichtig.

Alison Prices Tischkreationen zählen zu den schönsten in London. Den kleinen Garten ihres Londoner Stadthauses betrachtet sie als Open-Air-Speisezimmer und nutzt ihn begeistert. »Wenn man draußen isst«, sagt sie, »sollte der Tisch weit weniger förmlich als im Haus sein, aber dennoch schmuck und anziehend. Die Basics sind enorm wichtig, und zwar muss alles bequem sein: Stühle, in denen man sich entspannen kann, und ein Tisch, der ausreichend Platz bietet. Wecken Sie Aufmerksamkeit mit einer trotzdem schlichten Dekoration und servieren Sie Gerichte der Jahreszeit. Ein Essen im Freien muss natürlich sein.«

Ihr Sommerlunch ist der Inbegriff von Romantik: ein runder Tisch, den sie mit naturalistischen Elementen gestaltet, angefangen von Treibholz und Muscheln bis zu einem mit Blumen geschmückten Holzständer. Wann immer sie interessante Dinge für ihren Garten entdeckt, kauft sie diese, wie die Gefäße und Laternen, die sie in die Bäume hängt. Einen Tisch zu dekorieren, ob drinnen oder draußen, bedeutet immer, das eigene Leben als Hintergrund einzubringen.

Picknicks

Jäger, Reiter und Angler haben seit Jahrhunderten Picknicks veranstaltet. Aber erst im 19. Jahrhundert wurden sie zu geselligen Ereignissen, die man mit der gleichen Sorgfalt wie andere Einladungen vorbereitete. Treffend beschreibt die Autorin Jane Austen die Vorfreude ihrer Romanheldin Emma auf das Picknick auf dem Box Hill. Gelegentlich wurde auch zu viel organisiert. Denn wenn die Gäste wie bei einer eleganten Dinnerparty an einem Tisch mit Silberleuchtern, Porzellan und anderen Kostbarkeiten sitzen, dann hat dieses Event sich weit entfernt von der eigentlichen Idee, was ein Picknick sein sollte. Oder wie Vicente Wolf es formuliert: »Ein Picknick heißt den Alltag hinter sich lassen – also fahren Sie nicht mit zu viel Gepäck!«

OBEN UND UNTEN RECHTS Rumi Verjee hat hier einen traditionellen, prachtvollen Nachmittagstee als Picknick im Hofgarten seines Londoner Hauses arrangiert. Auf einer strahlend weißen Tischdecke kombiniert er kostbares Meissen-Porzellan, Tassen, Kaffee- und Teekanne in Kobaltblau und Gold, sowie einen goldenen Kandelaber zu handbemalten Tellern aus der Manufaktur Hering.

OBEN RECHTS Auf Long Island liebt Vicente Wolf den leichten Schatten einer blühenden Zierkirsche für seine Picknicks. RECHTE SEITE Wolf hat einen indischen Stoff als Untergrund gewählt. Das Stühlchen stammt aus Japan. Palmblätter dienen als Sets, die einen kräftigen Kontrast zu Metalltellern aus Borneo bilden und um ein birmanisches Lacktischchen gruppiert sind.

Das perfekte Picknick ist ein zwangloses, geselliges Zusammensein, bei dem die Gäste den Charme der Landschaft genießen können, ob am Meer, auf dem Land, im Park oder im eigenen Garten. Es sollte eine Zeit der Entspannung sein, man sitzt auf Decken oder Kissen am Boden und erfreut sich an sommerlichen Speisen und Getränken: rundum köstlich, leicht und transportabel.

Rumi Verjee veranstaltet gerne Picknicks in seinem Londoner Hofgarten, wo man sich, umgeben von Rasen und Bäumen, herrlich entspannen kann. Vicente Wolf ist geradezu ein Fan von Picknicks. In seinem Haus in Montauk kreiert er bukolische Märchenwelten wie hier unter einem von Blüten überladenen Baum. An einem Ast hat er ein Moskitonetz befestigt, das nicht nur eine zauberhafte Stimmung weckt, sondern auch praktisch ist. »Wenn ein wenig Wind aufkommt, dann bewegt sich das Netz. Ich liebe diese Bewegung, denn sie trägt einen fort. Das ist es, was ich mir für meine Gäste wünsche.« Ist die Atmosphäre eines Picknicks schöner zu beschreiben?

ANLÄSSE

Überall auf der Welt ist es Tradition, ein Fest oder ein außergewöhnliches und besonderes Ereignis mit einem Festmahl zu begehen. Alle herausragenden Anlässe erfordern ein überdurchschnittlich hohes Maß an Aufmerksamkeit in der Organisation.

Der außergewöhnliche Anlass sollte in mehrfacher Weise unvergesslich bleiben: Speisen und Getränke sollten reichlich vorhanden, die Präsentation ein Genuss für das Auge und alle Gäste glücklich sein, dass sie zugegen waren. Finden zu manchen Anlässen sehr förmliche Einladungen nach traditionellem Muster statt, etwa ein mehrgängiges Abendessen an einer edlen Tafel mit Blumenbouquets, Kerzenleuchtern und Damastservietten, ist bei anderen wiederum der Rahmen weit zwangloser, angefangen vom Picknick bis hin zum Büfett in einer Scheune. Unter welchem Motto oder aus welchem Grund eine Veranstaltung stattfindet, alle besonderen Anlässe sind der Zeitpunkt, sich großzügig zu zeigen oder sogar ein wenig zu übertreiben. Dann sind Extravaganz und fulminante Effekte erlaubt.

Festivitäten sind die wahren Gelegenheiten, das Beste im Haus zu präsentieren: Geschirr, Gläser, Blumen und natürlich Speisen. Opulente Tafeln vermitteln eine behagliche Atmosphäre, in der sich die Gäste verwöhnt fühlen. Denn dies ist das großartige Vergnügen eines besonderen Ereignisses: die Chance, schöne Stunden mit anderen zu verbringen, ihnen das Gefühl zu geben, willkommen zu sein, und sie spüren zu lassen, dass man für sie eine Einladung organisiert hat, die Vergnügen bereitet und beglückt.

RECHTE SEITE Nathan Turner hat als Rahmen für ein mexikanisches Festessen große Steinurnen mit Kumquatzweigen voller leuchtender Früchte dekoriert.
VORHERGEHENDE SEITEN Preston Bailey versteht es, Partys zu organisieren. Hier hat er einen festlich schimmernden Tisch kreiert, mit üppigem Blumenschmuck und verschiedenen Ebenen wohldurchdachter Dekoration.

LINKS Ein schickes kalifornisches Dinner für zwei. Sally Sirkin Lewis hat auf einem Acrylglastisch eine schwarz-weiße Komposition von kleinen gebogten schwarzen Tellern auf größeren weißen Speisetellern gedeckt. Passend zum Zebralook der Sessel wählte sie Rattansets. UNTEN In Brüssel hat Agnès Emery den Tisch unter ein Farbmotto gestellt. Sowohl die Teller mit dem Siebdruckmuster als auch die Schüsseln und die Tischdecke entstanden nach ihren Entwürfen.

Familie und Freunde zu Gast

Historisch betrachtet dreht sich unser Sozialleben von jeher um das Teilen einer Brotkruste, und dieses nahezu atavistische Bedürfnis empfinden wir glücklicherweise bis heute.

Jeder, der Freude am Kochen und Decken eines Tisches hat, lädt auch gerne Familie und Freunde ein – und dies umso mehr, wenn es etwas zu feiern gibt. Essenziell ist eine gewisse Schlichtheit – angefangen beim Essen. Für die belgische Designerin Agnès Emery, die außerdem exzellent kocht, ist das Menü das A und O, und sie führt dazu aus: »Sobald ich mich da entschieden habe, versuche ich exakt jenen Teller und jene Schüssel zu finden, welche die Speisen richtig zur Geltung bringen. Ich komme aus einer Familie, in der eine Mahlzeit immer ein kleines Fest und ein Fest immer ein Essen ist. Und Keith Johnson betont, dass dies mit einfachen Zutaten von jedoch erstklassiger Qualität am besten gelingt. Alle kreativen Tischgestalter betonen, wie wichtig es ist, dass ein Tisch gut aussieht, Sally Sirkin Lewis

aber weist darauf hin, dass eine fantasievolle Dekoration die Gespräche unter den Gästen beflügelt. Natürlich ist das Licht essenziell. Es sollte weich und nicht grell sein, schmeichelndes Kerzenlicht alleine oder in Kombination mit dimmbaren Lampen als Hintergrundbeleuchtung. Achten Sie auf bequeme Sitzgelegenheiten und passende Musik, nicht zu vergessen der Blumenschmuck, der den Blick über den Tisch nicht behindern darf. Jeder der Spezialisten hat seine Idealzahl bei den Gästen: Johnny Roxburgh empfiehlt acht bis zehn, Peri Wolfman bewirtet gerne bis zu zwanzig.

UNTEN Peri Wolfman liebt natürliche Dinge als Dekoration: Blüten in einfachen Gefäßen, eine alte Zinkwanne, um Wein zu kühlen, und große Kiesel vom Strand, die sie in gleichmäßigen Abständen auf dem Tisch verteilt hat, lassen die Tafel interessant und einladend wirken.

RECHTS Es überrascht nicht, dass die Arrangements auf Louise Nasons Dinnertisch immer darauf zielen, die optimale Wirkung für die Schokoladendesserts zu erzielen. Auf dem Holztisch deckt sie dunkle geflochtene Platzsets anstatt heller Decken, denn sie stehlen, ebenso wie die schlichten weißen Teller, den Desserts nicht die Schau.

UNTEN LINKS Zum Nachtisch bevorzugt Louise Nason als Alternative zu Metallbesteck eine hölzerne Konfektzange für die Pralinen und Löffel aus Schildpatt oder Horn, die gut zu den Desserts passen.
RECHTE SEITE Details wie klassische Weingläser, niedrige, bauchige Blumenvasen und Zweige in Kontrastfarben lassen den Tisch freundlich und einladend wirken.

NUR DESSERT Louise Nason ist die Besitzerin von Melt, Londons köstlichstem Schokoladenimperium, wo der Duft der Pralinen aus der zum Laden hin offenen Küche so manch hungrigen Kunden in Versuchung führt.

Es verwundert nicht, dass bei Louise Nason der Nachtisch sehnsüchtig erwartet wird – und dafür deckt sie sehr gerne passend, manchmal komplett anders als für die vorhergehenden Gänge. Zu Schokoladigem wählt sie gern dunkles anstatt helles Besteck und sagt: »Die meisten unterschätzen die Wirkung von Besteck. Ich fand diese Löffel aus Schildpatt und Horn. Sie wirken perfekt mit dunklen Süßspeisen und fühlen sich im Mund ganz anders an, ideal in Verbindung mit der Schokolade.«

Blumen setzt sie überaus geschickt ein. »Sie sind sehr wichtig. Gäste schauen gerne über den Tisch hinweg, daher sollten Blumengebinde niedrig sein. Noch besser sind Blüten aus dem Garten, die Sie, kurz abgeschnitten, locker in Vasen stellen können.« Sie vermeidet opulentere Arrangements, doch sie dekoriert manchmal drei Vasen, eine hohe in der Mitte als Blickfang, wenn die Gäste in den Raum treten. Diese wird aber zum Essen entfernt, während zwei niedrige Vasen als Schmuck stehen bleiben.

Platzsets zieht Louise Nason normalen Tischdecken vor. Sie sollten aus Naturmaterialien bestehen, um nicht von den Speisen abzulenken. Louise ist in der Tat, aber auf die liebenswürdigste Weise, pedantisch, nicht nur, wenn es um ihre heiß geliebte Schokolade geht. Wenn die Gäste den Raum betreten, möchte sie vom ersten Moment an beeindrucken, denn sie weiß: »Erfüllt man optisch schon alle Kriterien, ist der Rest so viel einfacher. Sieht etwas fantastisch aus, dann denken die Leute, es wird auch fantastisch schmecken.«

»Sieht etwas fantastisch aus, dann denken die Leute, es wird auch fantastisch schmecken.«

Anna

ERNTEDANK Alison Price ist nicht nur Autorin und Köchin, sondern führt ihre eigene Cateringfirma und organisiert Partys. Ihr Können ist legendär, seien es vorzügliche Speisen, raffinierte, wunderschöne Dekorationen oder die Sorgfalt, die sie jedem Detail eines Events zukommen lässt.

Welcher Anlass es auch sein mag, eine besondere Feier oder nur ein vergnügliches Essen, immer berücksichtigt Alison Price, in welcher Jahreszeit das Event stattfindet. Dies ist der Schlüssel zu allen weiteren Schritten, und sie erklärt: »Ich gehe jedes Mal so vor. Dies ist wichtiger als alles andere. Hat man sich Gedanken über die Jahreszeit gemacht, kommen die Ideen zu den Speisen und die optimale Dekoration dafür wie von selbst.«

Dieser Ansatz war natürlich essenziell für die Gestaltung eines so speziellen Anlasses wie eines Dinners zu Thanksgiving, dem amerikanischen Erntedankfest. »Dafür und für andere Anlässe im Herbst wähle ich ausnahmslos die Farben der Jahreszeit: für die Blumen auf dem Tisch, die Dekoration im Hintergrund, selbst für die Kerzenhalter«, erklärt Price. »Und wenn man einen Tisch für einen Anlass wie Thanksgiving gestaltet, dann erscheint es mir wichtig, auch den Sinn des Festes zu berücksichtigen – und seine Geschichte. Im Jahr 1621 feierten die Pilgerväter nicht nur ihre erste Ernte, sondern wollten auch ihre Dankbarkeit den Indianern gegenüber ausdrücken. Diese hatten ihnen neue Nahrungsmittel gezeigt: Feldfrüchte wie Mais und Kürbisse sowie den wilden Truthahn. Ich entdeckte Pressglasgefäße in der Form von Truthähnen, die ich für die Suppe verwende, und mit Backmodeln in der Form von Maiskolben gelang Maisbrot. Schließlich gestaltete ich den Hintergrund mit einigen wunderschönen Keramikkürbissen und Glaswindlichtern in den Farben des Herbstes.«

Alison Price bezieht die unmittelbare Umgebung des Tisches gerne in die Dekoration ein, denn, wie sie sagt: »Ein Tisch kann leicht überladen wirken. Gibt es einen weiteren Platz, den Sie dekorieren können, dann sollten Sie das Motto über den Tisch hinaus auf den Raum ausdehnen.«

Bei den Details bevorzugt sie kleine Kerzen gegenüber großen. Außerdem liebt sie Blumen, aber niedrige und interessante Gebinde. »Ich besitze«, erzählt sie, »eine Sammlung alter Tintenfässchen, und diese stelle ich den Tisch entlang mit jeweils einer Blüte oder einem Minzezweig auf.«

Generell ist Alison Price immer sehr engagiert, wie informell ein Dinner auch sein mag. »Auch wenn man Freunde einlädt«, meint sie, »sollte man keine Mühe scheuen. Nicht nur, dass die Gäste dies anerkennen. Man kreiert damit eine gewisse Atmosphäre, und sie fühlen sich geschmeichelt, eingeladen worden zu sein.«

LINKE SEITE Ein Thanksgiving-Dinner zum Genießen. Alison Price hat jedes Detail dem Anlass entsprechend ausgewählt, angefangen von den Truthahn-Glasgefäßen für die Suppe bis hin zu den zur Jahreszeit passenden Blumenarrangements. Das Maisbrot erhielt die Form von Maiskolben durch passende Backformen, und in kleinen Artischocken brennen Teelichter. Selbst die Tischkärtchen erhielten durch Blätter eine herbstliche Note.

RECHTS Damit ein Tisch luftig und nicht überfüllt wirkt, dehnt Alison Price das Motto gerne auf den Raum aus und dekoriert zum Beispiel einen weiteren Tisch oder wie hier eine Kommode.

LINKS Über die Marmorplatte der Kommode ergießt sich eine wahre Fülle herbstlicher Früchte und Blüten. Für die hohe Pyramide wurden zu den Blüten in satten Herbstfarben auch Gemüse wie Artischocken, Kohl, Paprika und bunte Maiskolben kombiniert.

RECHTS Manchmal trügt der Schein: Die üppige Ernte auf der Kommode, die schönsten Äpfel, Birnen und Kürbisse in jeder Form, stammt nicht vom Feld, sondern ist eine Kollektion robuster, abwaschbarer Keramikobjekte des britischen Herstellers Penkridge Ceramics. Inmitten der farbenfrohen Pracht leuchten Gruppen von Kerzen in kleinen, goldüberhauchten Bechergefäßen.

»Gibt es einen weiteren Platz, den Sie dekorieren können, dann sollten Sie das Motto über den Tisch hinaus auf den Raum ausdehnen.«

LINKS Ein Diner kann traditionell oder modern gestaltet sein. Meredith Etherington-Smith dekoriert die Tische elegant und dennoch zurückhaltend. Den förmlichen Charakter erzielt sie durch die klassische weiße Damastdecke, das antike Geschirr und Besteck sowie die alten Gläser.
RECHTE SEITE Reed Krakoff hat sich für einen modernen Stil entschieden und deckt zum Diner Teller nach eigenen Entwürfen. Chartreusegelbe Stoffsets verleihen dem monochromen Ensemble Pep.

Elegante Diners

Sowohl in den westlichen wie den östlichen Ländern sind feierliche Festessen Teil der Kultur. Bei vielen offiziellen Empfängen bilden daher abendliche Galadiners mit dem entsprechenden Zeremoniell den glanzvollen Mittelpunkt.

In Europa und Amerika erlebten die Galadiners im 19. Jahrhundert ihren Höhepunkt, als es für viele höchstes gesellschaftliches Ziel war, solch eine Einladung geben zu können oder dazu eingeladen zu werden. Sie waren organisiert wie ein Feldzug, angefangen von der Überbringung der Einladungen und der Erwiderung darauf, der angemessenen Kleidung bis hin zu den Regeln für das Defilee der Geladenen. Kein Fauxpas konnte gravierender sein, als nicht zu wissen, wie das richtige Besteck sei aus der ganzen Fülle der Utensilien zum richtigen Zeitpunkt auszuwählen oder wann es sich schickte, sich dem Nachbarn zum Gespräch zuzuwenden. Abgesehen davon war der Tisch eine Sehenswürdigkeit für sich, ein funkelndes Gebilde, bisweilen mit mehreren Tafelaufsätzen von schwindelerregender Üppigkeit neben feinem Silber, Porzellan und natürlich Blumen, wo auch immer sie nur unterzubringen waren.

Heute sind die Tafeln etwas schlichter, aber als eine Expertin in Sachen Kunst betrachtet die Autorin Meredith Etherington-Smith jeden Tisch für ein Diner als Bühnenproduktion: Der Tisch ist die Bühne, Gedecke und Dekoration sind die Requisiten und Kulissen, die Gäste die Schauspieler. Daher verbinden die meisten Gastgeber ein Diner mit dem Wunsch, den Abend zu einem denkwürdigen, magischen und glamourösen Ereignis werden zu lassen. Dann wird das Ambiente verzaubern, werden die Speisen verlocken, die Gäste sich unterhalten und vor allem amüsieren.

N'S LEGACY
WORKS
GRACE

»Ich halte mich lieber an klare, geordnete Linien.«

LINKE SEITE In einem Raum monochromen Designs hat Sally Sirkin Lewis bequeme schwarze Sessel mit unterschiedlichen Streifen um einen Tisch mit einer dicken Glasplatte gruppiert. Die Elemente der Tischdekoration verbinden die Farben und eine strenge Ordnung.

LINKS Ein quadratisches rotes Lacktablett ist farblicher Hintergrund für einen schwarzen rechteckigen Teller und eine ebenfalls schwarze Sakeflasche, die als Vase fungiert. Perlmutt ist das Material der Vorlegegabel, der Serviettenring aus Onyx geschnitten. UNTEN Schwarze Sets bilden den Untergrund für Teller und Schalen mit einem Wellen- und Punktdekor nach einem Entwurf von Sally Sirkin Lewis. Schwarz sind auch die Gläser, gleichfalls die Leinenservietten und die Griffe des Bestecks. Einen schmuckvollen Kontrast bilden die mit Perlmutt besetzten Serviettenringe.

FEINSINNIGE MODERNITÄT Förmlichkeit hat verschiedene Ausprägungen, kann zeitgenössisch oder klassisch sein. Sally Sirkin Lewis präsentiert hier eine sehr anmutige, moderne Variante einer Dinertafel.

Sally Sirkin Lewis gilt heute als Grand Old Lady des amerikanischen Designs. Sie lebt an der Westküste und wurde nicht nur berühmt für ihr zeitgenössisches Interior Design, sondern auch für ihre Stoffentwürfe, für Möbel und Geschirr. Ein Multitalent in der Tat. Über sich selbst sagt sie: »Im Grunde ist mein Stil zeitgenössisch, wobei ich alle Stilepochen aufgreife, und das gilt für einen Tisch ebenso wie für einen ganzen Raum. Ich mag keine überladenen Muster bei Geschirr oder Besteck. Ich halte mich lieber an klare, geordnete Linien. Und meine Tische spiegeln dies. Ich hasse kurze Tischdecken – die, die ich besitze, sind bodenlang. Ich verwende sie, um unansehnliche Tischbeine zu verbergen. Vor allem bei rechteckigen Tischen sind sie ideal. Dennoch gefallen mir Glastische mit schicken Untersetzern und Läufern am besten.«

Bei Geschirr bevorzugt sie markantes klares Design, aber nicht in Weiß. »Elfenbein ist weit besser, und entsprechend kaufe ich ein.« Für das Tischdekor kombiniert sie gerne ungewöhnliche Antiquitäten und Blumen, aber hier nur weiße und nicht als Gebinde. Noch nie hat sie einen Floristen beschäftigt, denn Blüten sollten ihrer Meinung nach sehr natürlich wirken.

Die Beleuchtung für den Tisch gestaltet sie sehr feinfühlig und wohlüberlegt und führt dazu aus: »Ich mag Lichtpunkte auf dem Tisch, die ich mit Dimmern steuern kann, Licht zum Beispiel auf den Rückenlehnen der Stühle und natürlich in der Tischmitte.«

RECHTS Unter einer Schatten spendenden Pergola arrangiert Ebba Lopez mittags gerne ein provenzalisches Büfett auf ihrer Terrasse. Es ist keine großartige Mahlzeit, sondern ein legeres Schlemmen, bei dem sich jedermann wieder und wieder bedienen kann – aus Terrakottatöpfchen voller Oliven, Saucisses und gefleckter Wachteleier.

Büfettpartys

Ein Büfett ist schon aufgrund der Präsentation der Speisen und der Selbstbedienung eine eher zwanglose Angelegenheit und bietet zugleich die Chance für prachtvolle Dekoration.

Das Konzept der Büfettparty stammt aus dem Frankreich des 18. Jahrhunderts, als Speisen erstmals auf einem Büfett angerichtet wurden, von dem sich die Gäste bedienten und dann erst am Tisch Platz nahmen. Die Gepflogenheit verbreitete sich über ganz Europa und hatte sich bis zur zweiten Hälfte des 19. Jahrhunderts fest etabliert. In einigen großen Landsitzen ist das Büfett bis heute Usus, wenn am Wochenende das Frühstück in dieser praktischen Help-yourself-Form aufgetragen wird.

Die moderne Büfettparty hat durchaus Ähnlichkeit mit ihrem historischen Vorbild und bietet zum Mittag- oder Abendessen eine bequeme Alternative, zumal Sie weit mehr Personen bewirten können. Ob drinnen oder draußen, ist der Büfetttisch selbst der einladende zentrale Blickpunkt, der alle Gäste wieder und wieder anzieht.

In einem sehr familiären Rahmen organisiert Rumi

RECHTE SEITE Ein grob gewebter Läufer von Linum dient hier als Unterlage für die rustikalen Gefäße und das derbe Holzbrett mit dem frischen Bund Radieschen und kleinen Ziegenkäsen. Hübsche Dekoration sind Wildblumen aus der Region. LINKS Bei der Deko des Frühstücksbüfetts auf ihrer Dachterrasse spielt Carolyn Quartermaine mit leuchtenden Blau- und Gelbtönen – blaues Glas und blaue Sets vor einer hellen Steinwand.

LINKS Es spielt keine Rolle, ob es nur Getränke sind oder die Speisen einer aufwendigeren Einladung – das Büfett sollte immer anziehend wirken. Farbe ist eines der besten Mittel, dieses Ziel zu erreichen. Leuchtende Blumen und Früchte, Gläser in kräftigen Blautönen und bunte Textilien schaffen eine einladende Atmosphäre und den Anreiz, die Köstlichkeiten zu genießen. RECHTE SEITE Erlesen und akkurat arrangiert wirkt Rumi Verjees Partybüfett: Auf einem langen hohen Tisch stehen zwischen goldfarbenen Servierplatten quadratische Tabletts mit sowohl klaren als auch rotkelchigen Gläsern. Das Rot findet Widerhall in der Gruppe schmaler, hoher Vasen und dem Sektkühler aus dickem, geripptem Gummi.

Verjee, Vorstandschef von Thomas Goode, in seinem überaus minimalistisch-modern eingerichteten Haus in London Büfettpartys mit einer geradezu militärischen Präzision. Vor einer indirekt beleuchteten Wand hat er alle notwendigen Utensilien aufgestellt, jedes einzelne Element Teil eines durchgestylten Konzepts.

Johnny Roxburgh, Mitbegründer der glamourösen Eventcompany The Admirable Crichton, rät: »Wenn Sie eine große Party veranstalten, decken Sie nie mehr als einmal oder mit anderen Worten: Tragen Sie von Anfang an die gesamten Speisen des Abends auf. Es ist schwierig, die Gäste zu bitten, das Büfett zweimal zu besuchen (obwohl sie sich natürlich mehrmals bedienen können), und es ist verzwickt, Servierschüsseln oder -platten auszutauschen. Es ist besser, die Gäste haben das Gefühl, alles auf einmal vor sich zu sehen, oder, wenn alle sitzen können, tatsächlich einen Gang am Tisch zu servieren.«

LINKE SEITE Auf Long Island arbeitet Tricia Foley in einem vom Wohnhaus getrennten Atelier im Garten. Dort organisiert sie Büfettpartys. Ganz links platziert sie die Gläser und die Getränke als erfrischendes Entree. Mit dieser ersten Stärkung können die Gäste sich dann über die Speisen am Büfett hermachen.

LINKS Hinter den akkurat gefalteten Servietten und dem Besteckkasten stehen die Teller – Design: Jasper Conran für Wedgwood – auf einem ausziehbaren Gestell, das nicht nur ungeheuer praktisch ist, sondern in seiner grafischen Struktur auch überaus dekorativ wirkt.
UNTEN Tricia Foley sammelt alte wie neue Creamware-Keramik, und viele ihrer schönen Stücke kommen besonders bei größeren Einladungen zum Einsatz und zur Geltung.

EIN PERFEKT GEPLANTES TREFFEN Die amerikanische Designerin Tricia Foley, die auch für Wedgwood arbeitet, bewies immer schon ein besonderes Händchen für Tafelgeschirr.

Tricia Foley liebt Porzellan und sammelt seit Langem schöne Stücke in jeglicher Form – solange sie weiß oder eventuell cremefarben sind. Und sie benutzt es gerne, wann immer sich die Gelegenheit dafür bietet. Zum Beispiel wenn sie eine ihrer zahlreichen Büfettpartys gibt – die ideale Form einer Einladung, wenn man einen Schrank voller Geschirr und noch dazu viele Freunde hat!

Auf ihrem Besitz in Long Island hat sie ein eigenes Atelier, das sich optimal für große Partys eignet, und hier arrangiert sie auch ihre vielen und wunderbar angerichteten Büfetts zum Mittag- oder Abendessen. Im Atelier steht ein langer Tisch mit einer Edelstahlplatte, der durch seine Länge geradezu das ideale Maß für das Büfett besitzt. Darauf kann sie alles unterbringen, was sie benötigt. Während dieser Tisch nur zum Servieren dient, deckt sie manchmal, abhängig von der Anzahl der Gäste, noch einen weiteren, an dem sie dann Platz nehmen und essen können. Das Schöne daran ist die Flexibilität.

Auf dem großen Büfetttisch stehen die Dinge keineswegs beliebig herum. Tricia Foley hat eine bestens erprobte Methode, ein wirklich tolles Büfett zu organisieren, und erklärt: »Ich arbeite immer von links her und teile den Tisch in imaginäre Partien. Als Erstes kommt die Bar – offene Flaschen und Gläser verschiedener Art ganz links, sodass sich

»Es ist das Gefühl eines kleinen Ereignisses, das ich mag …«

OBEN LINKS In ihrem vom Haus getrennten Atelier arrangiert Tricia Foley unterschiedliche Einladungen, von der Stehparty bis zum opulenten Büfett.
OBEN RECHTS Manchmal deckt sie einen separaten Tisch, an dem sich die Gäste gemütlich niederlassen und die Speisen vom Büfett genießen können.
RECHTE SEITE Die schlichten Teller gehören zu den Klassikern der Wedgwood-Kollektionen in Weiß. Die übrige Dekoration ist bewusst dezent gehalten, die Wiesenblümchen und kleinen Hortensiendolden stehen in einfachen Blechtöpfen.

dort alle gleichzeitig bedienen können. Daneben folgen die Teller, weiße Jasper-Conran-Teller von Wedgwood, in einem Ziehharmonikagestell und dazu in bunter Mischung altes und neues Geschirr hinten auf dem Tisch. Die wichtigsten Speisen stehen in Gruppen zusammen, ganz rechts das Dessert mit weiteren Tellern und passendem Besteck.«

Das Licht ist zum Abendessen natürlich wichtig. In ihrem Esszimmer im Haus hat sie kein elektrisches Licht, sondern nur Kerzen in einem Kronleuchter, an der Wand und auf dem Tisch. Das Atelier beleuchtet sie oft mit zwei extravagant gewinkelten Schreibtischlampen auf dem Büfetttisch und sonst nur mit Kerzen. »Bei der Dekoration«, berichtet sie, »arbeite ich in derselben großzügigen Manier wie sonst. Vielleicht ein großes Blumenarrangement, zum Beispiel ein Glaszylinder mit Blüten und Zweigen aus dem Garten oder einfache Töpfchen mit blühenden Zwiebelpflanzen. Es ist das Gefühl eines kleinen Ereignisses, das ich mag, und wenn ein Tisch so gestaltet ist, reagieren die Gäste auch auf die Idee und haben umso mehr Freude.«

Michael

Festtage

Die schönsten Essen, und das gilt für alle Kulturen, wurden und werden zu Festtagen veranstaltet. Festliche Gelage standen von jeher im Mittelpunkt des gesellschaftlichen Lebens.

Um einen militärischen Sieg zu feiern, die Errichtung eines Tempels oder eine bedeutende Hochzeit, immer wurden zu diesen Anlässen Bankette veranstaltet. Sie sollten die Macht oder den sozialen Status der Einladenden demonstrieren. Natürlich spielten die Speisen und Getränke eine überragende Rolle, und in vielen Schriften wird von ausgelassenen und ausschweifenden Lustbarkeiten berichtet, wobei nicht nur kulinarische Genüsse, sondern auch Musik und Tanz die Gäste unterhielten.

Betrachten wir Festlichkeiten zu Hochzeiten oder Geburtstagen, so hat sich daran wenig geändert. Wir feiern besondere Ereignisse, »Wegmarken« unseres Lebens, religiöse oder nationale Gedenktage. Ob es sich um ein großes Fest mit Hunderten von Gästen oder den intimen Kreis mit wenigen Personen handelt, immer unterscheidet es sich von einem alltäglichen Mahl durch den Anlass, sei er ganz privat oder im öffentlichen Leben zu suchen. Ein Charakteristikum des Festes sind der Aufwand, die Gastfreundlichkeit, die Zeit und Mühe der Vorbereitung. Großzügigkeit ist vermutlich das passende Wort für unsere Einstellung als Gastgeber, denn sie spiegelt sich in einer gastlichen, unvergesslichen Einladung, bei der jeder sich wohlfühlt.

OBEN LINKS Agnès Emery organisiert die allerschönsten Partys, insbesondere für Kinder. Wenn dann überreich auf dem Tisch dekoriert wird, empfiehlt es sich, Teller und Gläser so schlicht wie möglich zu halten. RECHTE SEITE Wenn Johnny Roxburgh aus der Eventagentur The Admirable Crichton einen Weihnachtstisch deckt, dann gibt es nicht den geringsten Zweifel über den Anlass: eine künstliche Felldecke als Unterlage, Porzellan mit Goldrand und goldfarbene Kerzenleuchter, die die Flamme des offenen Kamins reflektieren, nicht zu vergessen allüberall Bänder, Schleifchen und Beeren in sattem Rot.

LINKS UND RECHTE SEITE Einem wahren Schatzkästchen der Ideen gleicht dieser Tisch für eine Geburtstagsparty. Vor allem unterstreicht die Architektur von Chiswick House aus dem 18. Jahrhundert den Eindruck von Reichtum und Fülle. An jedem Platz steht eine Box mit einem Geschenk darin, daneben zauberhafte Küchlein auf einer Art Schachtel, die schuppenartig mit Blütenblättern überzogen sind. Die einzelnen Gedecke sind sehr zurückhaltend, um der Pyramide verpackter Profiteroles, eingehüllt in ein Gespinst feiner Zuckerfäden, und dem Geburtstagskuchen selbst nicht die Schau zu stehlen. UNTEN Hoch über den Köpfen der Gäste thront der Geburtstagskuchen auf einer verspiegelten Platte auf Acrylglassäulen. Aus demselben Material besteht auch die Kuchenbox, über die sich bunte Zuckergussgirlanden ranken, während obenauf Kerzen den Blick zur reich ornamentierten Decke lenken.

GEBURTSTAGS-SCHLEMMEREI Johnny Roxburgh und Rolline Frewen sind die tonangebenden Kreativen bei The Admirable Crichton, jener legendären Party-Event-Company, die sie vor 21 Jahren gemeinsam gründeten.

Rolline Frewens Aufgabe sind die köstlichen Speisen und glamourösen Getränke, Johnny Roxburgh ist der Impresario all jener Arrangements, die eine Party zu einem denkwürdigen Ereignis werden lassen. Es ist keine Kunst, eine gute Party zu veranstalten, solange man den Details ein Höchstmaß an Aufmerksamkeit schenkt. Und dazu weiß der Meister einiges zu sagen, was sich auch in der Dekoration für diese opulente, vergnügliche und originelle Geburtstagsfeier im eleganten Link Room in Chiswick House in London widerspiegelt.

»Zunächst ist es wichtig, dass man über den Tisch schauen kann, entweder über die Deko hinweg oder, wenn sie sehr hoch ist, unten durch. Kerzen sollten nie in Augenhöhe brennen, und meiner Meinung nach verzichtet man bei einer großen Tafel besser auf Votivkerzen oder Teelichter. Sie sind zu gefährlich. Ideal wären batteriebetriebene Kerzen, die anmutig flackern.«

LINKS Bei genauer Betrachtung zeigt dieser glanzvolle, von The Admirable Crichton gestaltete Festtisch, dass es auf die dekorativen Details nicht weniger ankommt als auf die kulinarischen. Der Kaviar etwa wird auf Schälchen über kleinen eisgefüllten Glaskelchen serviert, und die grafische Optik des Salats mit Kaisergranat kommt in einer Perlmuttschnecke erst richtig zur Geltung.

RECHTE SEITE OBEN »Kreation« ist das einzig adäquate Wort für Rolline Frewens Geburtstagsdessert: ein süßes, weißes Schloss mit bunten Wimpeln aus gesponnenem Zucker und einem Burgwall aus leckeren Sommerbeeren.

UNTEN Peggy Porschen fertigt – oder besser: designt – diese Kuchen en miniature, jeder einzelne kostbar geschmückt wie ein Präsent. Den alles umhüllenden Zuckerguss legt sie in feine Falten, reliefiert und bemalt ihn wie die feinsten Schmuckschatullen.

Und über die Gedecke selbst sagt Johnny Roxburgh: »Auf einem großen Tisch wirken endlose Reihen von Besteck unschön. Decken Sie also nur für zwei Gänge und erst mit dem Nachtisch noch Löffel und Gabel.« Da er den Tisch für dekorative Elemente frei halten möchte, mag er keine Beilagenteller: »Dennoch ist es hübsch, für jeden Platz Salz und Pfeffer zu haben. Es müssen nicht die herkömmlichen Gefäße oder Streuer sein, nehmen Sie, was attraktiv wirkt, und auf das Salzlöffelchen können Sie verzichten.«

Eine sehr dezidierte Meinung vertritt Roxburgh in puncto Servietten und empfiehlt: »Sie sollten 60 x 60 Zentimeter messen, gerollt oder schlicht gefaltet werden. Ganz persönlich hege ich ein Faible für feines Leinen mit Hohlsaumstickerei. Man braucht etwas Reines, Weiches. Eine frische Note verleiht Lavendelduft aus der Spraydose, und schierer Luxus ist es natürlich, die Servietten zum Dessert zu wechseln.«

Was er von Tischdecken hält? »Sie sind wunderbar und die einfachste Möglichkeit, einen Tisch herauszuputzen. Als Material eignet sich beinahe alles, es muss nicht Seide oder ein anderer kostbarer Stoff sein. Wir verwenden manchmal weich fließende, schwarze Tischtücher.« Aber zugleich warnt Roxburgh davor, der Farbe nicht genügend Aufmerksamkeit zu schenken: »Die Farbe der Tischdecke sollte hungrig machen, bei gewissen Grüntönen wird einem übel,

»Den Hauch von Luxus kreieren Sie, wenn Sie die Servietten zum Dessert wechseln.«

und Gelb ist schlecht für den Teint. Nichts gegen Muster, großflächige Druckornamente können wunderschön aussehen.«

Und noch ein Wort zu den Blumen: »Bitte keine stark duftenden, aber abgesehen davon gibt es, so glaube ich, keine einzige Blume, die nicht verwendet werden könnte. Dahlien wirken als großer Strauß, ebenso wie Nelken, wenn die Blüten dicht an dicht gesetzt sind. Mir gefallen extrem hohe Glasbehälter, in denen die Blüten in verrückten Winkeln arrangiert sind.«

Falls Sie Platzkarten verwenden, was an einer großen Tafel durchaus angebracht ist, so sollten sie nicht nur gut lesbar, sondern auch beidseitig beschriftet sein, um als Gast sein Gegenüber identifizieren zu können.

Vergessen Sie letztlich nicht: Die Menschen sind das Wichtigste bei einem Fest. Setzen Sie auch jemanden ans Kopfende einer rechteckigen Tafel, damit sich niemand im Abseits fühlt. Und mischen Sie Alt und Jung, der Generationenmix funktioniert bestens.

KREATIVE EXTRAVAGANZ Wenn Agnès Emery eine Kinderparty veranstaltet, dann zieht sie alle Register in Sachen Design, malt Tiere und andere Dinge, die die Fantasie der Kinder ansprechen.

Ganz Künstlerin, sucht Agnès Emery die großen, dramatischen Effekte. Am liebsten benutzt sie für die Deko zur Kinderparty eine Rolle steifen schwarzen Papiers (das sie in einem Laden für Künstlerbedarf kauft). Darauf malt sie mit weißer Farbe in groben Pinselstrichen fast schon magisch wirkende Tiere und Ornamente sowie die Namen der Kinder an ihren Plätzen. Auch die Fenster bemalt sie mit spezieller Farbe für Schaufensterwerbung und erweckt die Illusion von Schneeflocken oder kleinen Schnecken. Auf leuchtend roten Tellern ihres eigenen Designs serviert sie meist ebenfalls rote Speisen – natürlich mit einem Hauch Schokolade –, zum Beispiel Früchtegelees in Milch, Kuchen und Torten. Eine Party für kleine Prinzessinnen und Prinzen.

LINKS In ihrem Haus in Brüssel veranstaltet Agnès Emery häufig Kinderfeste, und zwar in ihrem über und über mit Spiegeln dekorierten Esszimmer. Draußen vor dem Fenster scheinen Schneeflocken zu Boden zu rieseln, hübscher Schein, den sie mit einem kurzen borstigen Flachpinsel und leicht wieder zu entfernender Schaufensterfarbe hervorgerufen hat.
OBEN Mit weißer Plakatfarbe hat sie auf festes schwarzes Papier springende Tiere, Schneeflocken und die Namen der kleinen Gäste gepinselt.

RECHTE SEITE Das Papier als Ersatz für eine Tischdecke kann entweder schwarzes Zeichenpapier oder Schrankpapier sein. Mit doppelseitigem Klebeband wird es auf dem Tisch befestigt. Das Geschirr in Weiß und Rot ist bewusst schlicht gehalten, denn es ist vor allen Dingen schmucker »Untergrund« für die Partyleckereien: den Schokoladenigel, leuchtend rote Johannisbeeren sowie die Sommerbeeren in Gelee.

LINKE SEITE Preston Bailey, der Meister der blühenden Tischarrangements, gibt hier eine Kostprobe seiner Kunst. Mit denselben bombastischen Effekten wie bei einem professionellen Auftrag, nur in etwas kleinerem Rahmen, kreiert er in seiner New Yorker Wohnung einen Blütentraum: eine Orchideenspirale mit schimmernden Kristalltropfen als zentraler Blickfang einer Tafel. RECHTS Fast auf Niveau der Tischplatte hat Bailey Blüten in ganz niedrigen Gefäßen dekoriert, und weitere Blüten, in diesem Fall Orchideen, schmücken die Servietten.

BLUMENFESTE Preston Bailey zählt zu den besten Designern floraler Event-Arrangements in den Vereinigten Staaten. Seit vielen Jahren lebt er in New York, seine Herkunft aus Panama aber verraten seine schwungvollen, einzigartigen Blumenkompositionen.

Bei Preston Baileys Einladungen in Manhattan dürfen Blumen nicht fehlen: »Mit meinem beruflichen Hintergrund als Florist sind Blumen für mich unentbehrlich, und ganz selbstverständlich gehören sie zu einer Dekoration – sie machen einen Tisch erst vollkommen.« Bei privaten Anlässen sieht man nicht die riesigen Elefanten und Blütenbrunnen, die die Tafeln auf größeren, ja sehr viel größeren Veranstaltungen beherrschen. »Zu Hause gelten andere Maßstäbe, hier kommt es auf den einzelnen Wohnbereich an, hier ist der Esstisch mein Fokus, wenn ich mit Blüten gestalte.«

Sehr sorgfältig wählt Preston Bailey die Tischdecke als Hintergrund für seine Arrangements und sagt: »Dies ist das A und O. Ich liebe echtes Leinen und ebenso Wildseide, die man hervorragend – gerade weil sie so teuer ist – als kleinere Decke über einer Unterdecke auflegen kann. Ich sammle Textilien und verwende sie entsprechend dem Thema des Tisches.« Als Blumendesigner schmückt er natürlich die Stoffe mit Blüten. Er bestreut Tischsets mit Rosenblättern und nutzt Blumen selbst als Dekor für Servietten: »Das ist wunderbar«, erklärt er, »eine einzige Blüte genügt, zum Beispiel einer Cymbidium-Orchidee, die nicht gleich welkt.«

Geht es um Geschirr und Gläser, so ist sein Rat: sehen, was verfügbar ist, und dann planen. »Gerne mische ich verschiedene Designs«, bekennt er, »es muss nicht alles aus derselben Serie stammen. Ich mag Spielereien und nutze Dinge gerne einmal anders.« Kerzen sind seine bevorzugten Lichtquellen, wobei er sowohl hohe Kerzen

LINKS Preston Baileys Tische sind geprägt von Symmetrie und Präzision, florale Motive werden wiederholt und zugleich entwickelt.
RECHTE SEITE Wenn Preston Bailey gestaltet, dann ist die magische Faszination oder der »glow factor«, wie er es selbst nennt, sein Ziel. Als »Basis« für seine floralen Extravaganzen wählt er Stücke aus seiner reichhaltigen Sammlung von Textilien, hier ein Stück fliederfarbene Wildseide. Auf diesem Farbgrund platziert er kleine Blöcke von Votivkerzen im Wechsel mit einzelnen Blüten und Gruppen von Rosenblüten, die alle den Blick auf das hoch aufragende Mitteldekor lenken.

»Selbstverständlich gehören Blumen auch zu Hause zu einer Dekoration – sie machen einen Tisch erst vollkommen.«

als auch die kleinen Votivkerzen und Teelichter schätzt, die er gerne in kleinen Gruppen zusammenstellt, und zwar so viele wie möglich. Zugleich integriert er hochmoderne Lichtquellen, Halogenlampen etwa, und meint dazu: »Ihre Entwicklung ist derart fortgeschritten, dass kleine Lichtquader einen Tisch erhellen können.«

Preston Bailey betont, dass der Maßstab für das Arrangement der Tisch sein sollte und nicht umgekehrt – ein wichtiger Punkt, den man nie vergessen sollte: »In einem kleinen Raum wirken flache Dekorationen besser als solche mittlerer Höhe. Oder, nach dem Grundsatz, dass große Möbelstücke einen kleinen Raum auch groß wirken lassen, entscheidet man sich für besonders hohe. Alles hängt von der Länge des Tisches ab und von der Raumhöhe. Mir gefallen Gruppen von Rosen in ganz niedrigen Gefäßen, und manchmal zupfe ich einige Blüten fast komplett auseinander und füge sie dann, außen beginnend, wieder zusammen, aber eben passend für das jeweilige Gefäß. Jeder Esstisch sollte einen festlichen Charakter haben, egal ob ich ein Megaevent vorbereite oder ›nur‹ ein kleines Abendessen zu Hause.«

DEKORATION

Kaiser Neros legendärer Speisesaal mit einem riesigen Gemälde des Sternenhimmels in der Kuppeldecke, aus der es duftende Blüten regnete, ist sicher nicht jedermanns Geschmack. Aber zweifelsohne hatte der Herrscher ein Gespür für das Besondere und wusste, wie er seinen Gästen bei Festivitäten einen außergewöhnlich großen Genuss bereiten konnte.

Die optische Wirkung eines Tisches ergibt sich aus vielen Einzelheiten, und es ist gut zu erkennen, wie leicht sich ein Tisch gestalten lässt, damit er harmonisch und vollkommen wirkt. Dennoch stellt sich die Frage, ob Tischgestaltung angesichts der Auswahl an Gläsern, Tischdecken, Geschirr und Besteck, gar nicht zu sprechen von weiterem Dekor wie Blumen oder Ornamenten, überhaupt misslingen kann.

Unser Rat: Beginnen Sie mit der Tischfläche wie ein Maler mit der Leinwand. Falls Sie an die Neuanschaffung eines Tisches denken, dann sollte die Oberfläche mit Ihren vorhandenen Möbeln harmonieren, denn die meiste Zeit wird keine Decke sie verhüllen. Das herkömmliche Material ist Holz – unendlich vielfältig sind heute Sorten und Verarbeitung. Und daneben gibt es zahllose andere Werkstoffe, beispielsweise Marmor oder Metall, Glas und Acrylglas, die zudem kombiniert werden. Besitzen Sie einen alten Tisch, der keine Antiquität und vielleicht ein wenig ramponiert ist, dann legen Sie vielleicht immer eine Decke auf. Auf frühen Gemälden sieht man, dass Tische einst mit kostbaren Teppichen verhüllt wurden. Heute würde ein Kelim oder ein anderer flacher Webteppich denselben Zweck erfüllen. Darüber können Sie dann zu den Mahlzeiten eine leichte Decke breiten. Oder Sie beziehen den »Shabby Chic« des Tisches in Ihre Tischgestaltung und Dekoration mit ein. Dass der Tisch zu allen Zeiten attraktiv aussieht, ist das Wichtigste.

RECHTE SEITE Marianne Pellerin spielt effektvoll mit gegensätzlichen Strukturen: Auf die rustikale Holzoberfläche des Tisches hat sie grob gewebte Sets gelegt und darauf einen Satz schmucker, rechteckiger Teller für die unterschiedlichen Gänge platziert. Elegant wirken gleichfalls Besteck und Gläser – und die Speisen in den zu den Tellern passenden Schalen.
VORHERGEHENDE SEITEN Jedes Element erfordert Sorgfalt und Nachdenken, als Erstes aus praktischen Erwägungen, aber auch nach ästhetischen Kriterien. Mit einer Kombination von geschmackvollen praktischen Dingen und schmückenden Accessoires wird es Ihnen immer gelingen, ein harmonisches Ganzes zu kreieren.

Bei der Entscheidung für oder gegen einen Tisch spielen seine Größe und Form eine maßgebliche Rolle. Egal ob er nun rund, oval, rechteckig oder quadratisch ist, bei einem Essen mit mehreren Personen sollte man sich ohne das Gefühl von Enge sowohl mühelos unterhalten als auch essen können. Ein Tisch, der nicht genügend Raum für Speisen, Gedecke und Gäste bietet, steht außer Diskussion. Gleichzeitig verhindert ein zu großer Tisch, an dem sich jeder Gast wie auf einer isolierten kleinen Insel vorkommt, das gesellige Miteinander. Grundsätzlich sollte man sich mit seinem Gegenüber und den Tischnachbarn in normaler Lautstärke unterhalten können.

Wie bereits erwähnt, bestehen Tischoberflächen heute aus den vielfältigsten Materialien: Holz, Metall, bei Stein bevorzugt Marmor, Kunststoff oder Glas. Ihr Geschmack entscheidet, wichtig ist jedoch die Harmonie mit dem übrigen Mobiliar. Ob eine Antiquität oder zeitgenössisches Design, der Tisch kann der absolute Blickfang eines Raumes sein oder bescheiden am Rande stehen und auf den großen Auftritt warten. Und natürlich können Sie immer improvisieren: Eine große Platte auf einfachen Böcken kann sich, verhüllt mit bodenlangen Decken und elegant gedeckt, überaus glamourös präsentieren.

Stühle sind nicht ganz so einfach. Sitzt man unbequem auf ihnen, so werden sie einen Abend nicht unbedingt ruinieren, aber die Freude an einer ansonsten gelungenen Einladung doch wesentlich trüben. Unabhängig von den Materialien (so vielfältig wie bei den Tischen) sollte ein Stuhl im Rücken Halt geben und so bequem sein, dass man essen, sich unterhalten, sich geruhsam zurücklehnen und entspannen kann. Eine recht plausible Wunschliste – aber wie häufig wird sie nicht erfüllt. Designer und Hersteller haben viel Zeit und Fantasie auf das Thema Stuhl verwendet, seit im 18. Jahrhundert die Bequemlichkeit bei Tisch an Bedeutung gewann. Ob Sie nun ein modernes oder antikes Sitzmöbel suchen, gepolstert oder nicht, mit oder ohne Armlehnen, es lohnt sich, in aller Ruhe das perfekte Modell zu suchen.

GANZ OBEN Rumi Verjees Tisch und Stühle mit Metallrahmen sind – je nach Anlass – sehr flexibel kombinierbare Elemente. OBEN LINKS Die klassischen runden Konturen der Polsterstühle von Stephanie Stokes passen gut zu ihrem runden Tisch – im Übrigen eine Form, die sich sowohl für kleine als auch größere Gruppen eignet. OBEN RECHTS Skandinavisch klar: Kein überflüssiges Dekor stört die klaren Linien des furnierten Tisches. Die Kombination einer Bank mit Stühlen macht das Ensemble recht flexibel. RECHTE SEITE Ein Tisch für alle Jahreszeiten und Anlässe. Gefertigt aus altem Holz, ist er breit genug für die Gerichte auf Platten und in Schüsseln, schöne Gedecke mit ausreichend Platz für jeden Gast und eine Fülle von dekorativen Objekten. Bequeme Sitzgelegenheit bieten die geflochtenen Hochlehner.

Tische und Stühle

Tischwäsche

Tischdecken gehören seit Langem zu einem schönen Tisch – in Europa wurden sie bereits im Mittelalter hoch geschätzt. Tischwäsche war ein wichtiger Teil der Aussteuer und teilweise von unermesslichem Wert. Kein anderer Stoff war feiner gewebt als jener der Damasttischdecken, die ursprünglich in Damaskus hergestellt wurden. Fast immer sind sie weiß, und mit ihren feinen, unauffälligen Mustern gelten sie bis heute als die angemessenen Decken für eine förmliche Tafel. Vom 16. bis zum 19. Jahrhundert legte man mehrere Lagen auf und entfernte mit jedem Gang die jeweils oberste. Es ist keine schlechte Idee, auch eine optische Trennung zwischen Hauptgang und Dessert zu schaffen.

Und die verschiedenen textilen Schichten haben viel Reizvolles. Viele Menschen sammeln oder besitzen aus der Familie kleinere bestickte Decken, zum Beispiel die lange Zeit so beliebten quadratischen Decken. Sie sind viel zu klein für einen normalen Esstisch, eignen sich aber hervorragend als oberste Lage und können dann in all ihrer Pracht der Muster bewundert werden. Manch einer verwendet als unterste Lage gerne ein Stück Stoff, das gar nicht für einen Tisch gedacht war, angefangen von einem alten Patchwork-Quilt bis hin zu einem Möbelbezugsstoff, bedruckter Samt etwa oder schwerer, dunkler Damast für die dramatische Wirkung.

Wenngleich Weiß immer noch die bevorzugte Farbe für ein Diner ist, so machen sich farbige und bunt gemusterte Decken doch hervorragend für informelle Anlässe und können die anderen Objekte erst richtig zur Geltung bringen. Die für gewisse Zeit allgegenwärtigen Läufer waren lange aus der Mode, erleben jedoch seit Kurzem auf den ausgefallensten Tischen eine Renaissance. Noch findet man alte weiße Leinen- und Baumwollläufer auf Flohmärkten, und gestärkt und gebügelt wirken sie so proper wie am ersten Tag. Außerdem gibt es aufregende neue Designs für Läufer, beispielsweise schweren Filz, teils glatt, teils plissiert und vor allem in leuchtenden Farben, oder Kreationen aus Bambus, Schilf oder sogar Gummi.

GANZ OBEN Hier sind auf einem Tisch im Freien Läufer quer aufgelegt – unkonventionell, verglichen mit der herkömmlichen Verwendung, aber durchaus effektvoll und praktisch anstatt von Platzsets. OBEN LINKS Bei diesem Tisch wurde mit verschiedenen Größenvarianten und kontrastierenden Farben eines Musters gespielt. Die großen Karos der Decke lassen den Tisch größer erscheinen, während die kleinen der Servietten besser für kleine Objekte geeignet sind. OBEN RECHTS Die mit Blüten übersäte Decke ist nicht nur »Hintergrund« für eine Fülle farbenprächtiger Objekte, sondern bereits für sich genommen ein kleines Kunstwerk. LINKE SEITE Die in kontrastierendem Grau fein bestickte Serviette wird hier nicht von einem herkömmlichen Serviettenring, sondern von schmalen indianischen Armbändern zusammengehalten.

OBEN Hier harmoniert der grob gestreifte, kräftige Baumwollstoff gut mit dem rustikalen Bambusring und den Griffen des Bestecks. UNTEN Es macht Spaß, Tischdecke, Sets und Servietten der gleichen Farbe und grafischen Struktur zusammenzustellen, hier kontrastieren sie in leuchtendem Blau mit dem satten Grün von Gläsern und Pflanzen. RECHTE SEITE: OBEN LINKS Durch einen Glasteller mit Goldrand schimmert das Goldfadenmuster der Tischdecke und wiederholt sich in der Serviette, die der Knoten einer goldfarbenen Kordel dekorativ zusammenhält. OBEN RECHTS Für einige ist dies das Optimum einer Serviette, die jeden Tisch zu schmücken vermag: ein Stück weißer Damast mit einem Monogramm in Reliefstickerei. UNTEN LINKS Ursprünglich nicht als Serviette, sondern als Geschirrtuch gefertigt, erfüllt das marine-weiß karierte Tuch bestens neue Aufgaben. UNTEN RECHTS Das perfekte Stillleben sanfter Farbschattierungen. Effektvoll ist hier eine Vorhangquaste als Serviettenring zweckentfremdet.

Sets sind hübsche Elemente auf einem Tisch. Schmuck wirken alte Stoffsets, wenn sie sauber und faltenfrei sind. Gemusterte sollten mit den übrigen Tischaccessoires harmonieren. Ebenso wie Läufer avancierten Sets zu Lieblingsobjekten der Designer und sind nun in den verrücktesten Materialien zu finden: Gummi, Leder, Holz, Metall oder Bambus. Mit ihnen gelingt es, eine innovative Note zu kreieren. Und da sich durch ein Set der Charakter eines Tisches so leicht verändern lässt, sollte man mehrere unterschiedliche besitzen.

Servietten begannen klein und wurden über die Jahrhunderte größer und größer, bis sie im Mittelalter das Format eines Badetuches erreicht hatten und über dem linken Arm eines Gastes drapiert waren. Dann bewegten sie sich zur Brust der Essenden und waren im 19. Jahrhundert auf dem Schoß angekommen. Und heute entspricht es nicht der Etikette, sie um den Hals zu binden. Was die Größe anlangt, so sind große Servietten, wie man sie auf Flohmärkten findet oder auch leicht selbst schneidern kann, so viel angenehmer als kleine. Farbige Servietten sind hübsch und wesentliche Elemente perfekt arrangierter Tische. Servietten sollten ausschließlich aus Naturfasern bestehen, denn nichts ist ärgerlicher als ein Stück Synthetik, das einem fortwährend vom Schoß rutscht, effektlos über den Mund gleitet und noch weniger die Finger reinigt. Mit einer Serviette, die sich schon angenehm anfühlt, setzen Sie den richtigen Akzent an Ihrem Tisch. Und der heißt: Qualität.

Geschirr

Was wir heute als Teller kennen, hat seinen Ursprung in den dicken Scheiben Brot, die im Mittelalter jeder, der am Essen teilnahm, vor sich auf den Tisch legte, um damit allerlei Flüssigkeiten aufzufangen, wenn man sich aus dem gemeinsamen Topf bediente. Schlichte Holz- bzw. Zinngefäße in wohlhabenderen Haushalten ersetzten dann das Stück Brot, und im 16. Jahrhundert waren Tonwaren gebräuchlich, die allmählich die Form von Tellern annahmen.

In wenigen Haushalten nutzt man nur ein großes Service für alle Anlässe. Gängiger ist es, zwei verschiedene zu verwenden, etwa eines aus feinem Porzellan und ein robusteres aus Keramik oder Steingut für den Alltagsgebrauch. Nicht selten stehen auch anstatt eines kompletten Service verschiedene Teller eines Musters und passend dazu Schüsseln eines anderen Materials oder Designs im Schrank. Teller sind wie Kissen: Mit einigen neuen lässt sich in Kombination mit dem »alten« Geschirr ein gänzlich anderes Bild schaffen, und daher lohnt es sich, die Augen nach attraktiven Stücken offen zu halten.

Heute ist die Auswahl an Mustern und Materialien enorm. Obwohl das umfangreichste Angebot bei Keramik oder Porzellan besteht, findet man auch Reizvolles in Holz, Kunststoff, Metall und Glas, und das in allen Formen. Die Größen variieren vom kleinen Brotteller bis zu ausladenden Platztellern, die unter den Speisetellern und manchmal sogar anstatt von Tischsets gedeckt werden. Bei den Mustern gibt es nichts, was es nicht gibt, ob schlicht, reinweiß oder in einer einzigen Farbe glasiert. Manche Stücke sind am Rand in einer Kontrastfarbe abgesetzt oder von Hand bemalt. Mechanisch aufgebrachte Muster sind heute am weitesten verbreitet, sei es ein Einzelmotiv oder ein Design, das das Geschirr flächig überzieht. Gold- oder Silberornamente, ob großzügig oder sparsam aufgebracht, verleihen Geschirr eine kostbare Note. Bei Porzellan wie bei Keramik ist Weiß überaus beliebt und hinsichtlich Form, Muster und Farbton überraschend vielfältig, wandelbar und unendlich vielseitig einsetzbar. Optimal dekoriert, wirkt nichts stilvoller und schlichter. Wie bei Malfarben gibt

GANZ OBEN Die handgefertigten Teller und Schüsseln der Keramikerin Anne Stocke sind mit schwungvollen abstrakten Mustern bemalt, die dem Gedeck eine sehr individuelle Note verleihen, insbesondere im Kontrast zu dem leuchtend roten Tisch. OBEN LINKS Durch John Pawsons individuelles und kluges Design ist dieser zeitgenössische Teller beidseitig verwendbar: eine Seite traditionell in ihrer Form, die andere, wie hier zu sehen, eine kleine Schüssel. OBEN RECHTS Ein klassischer Teller mit einem Motiv aus dem 18. Jahrhundert. Die weiche Sepia harmoniert perfekt mit dem Altsilberton der Decke und den schimmernden Accessoires. LINKE SEITE Sally Serkin Lewis ist die Designerin dieser markanten Teller und Schalen. Mit den dunklen Sets und dem edlen Besteck bilden sie ein ideales Ensemble für ein festliches Diner.

OBEN Dass Stephanie Stokes mit Leidenschaft nach Asien reist, spiegelt auch ihr von der kambodschanischen Kultur inspirierter Tisch: mit passendem Geschirr, Rattansets, Bierkrügen aus Zinn und metallenen Kerzenhaltern. UNTEN Der belgische Designer Maarten van Severen arbeitet bevorzugt mit innovativen Materialien. Bei diesem Besteck besteht das Messer aus Zirkonkeramik, der Löffel ist lackiert. Beide sind perfekte Begleiter für John Pawsons reinweiße Schale. RECHTE SEITE: OBEN LINKS Eine feine Porzellansuppentasse mit Deckel auf einem Platzteller aus getriebenem Metall. OBEN RECHTS Unübertroffen schön sind diese zeitlosen, klassischen Formen von Geschirr, Besteck und Gläsern. UNTEN LINKS Skandinavisch und kühl – mit finnischen Gläsern, schwedischen Tellern und als Gegensatz zu den feinen Oberflächen kräftig gerippten Sets. UNTEN LINKS Ein reich vergoldetes japanisches Teeservice und ein Löffelchen von Tiffany (mit freundlicher Genehmigung des Hauses Thomas Goode).

es eben nicht ein Weiß. Die Vielfalt der Nuancen ist enorm, und es kann durchaus lohnend sein, Teile verschiedener Service mit leichten Farbabweichungen zu sammeln. Dabei empfiehlt es sich, Porzellan oder Keramik zu wählen, denn eine gewisse Einheitlichkeit in der Struktur ist gefälliger für das Auge.

Wenn farbige oder gemusterte Teller Ihrem Geschmack entsprechen und Sie mehr als ein Service kaufen möchten, dann empfiehlt es sich, ein verbindendes Muster-, Form- oder Farbelement zu haben. Denn dann können Sie ganz nach Laune Schüsseln, Teller und Sonstiges mischen. Eine gemeinsame Farbe könnte sich durch alle Muster ziehen, oder auf jedem Stück könnte ein florales Motiv auftauchen. Falls Sie eine Vorliebe für Geometrisches hegen, könnte sich eine Form in verschiedenen Farben oder Größen wiederholen. Nicht einheitliche und sich dennoch ergänzende Geschirrteile oder Gläser nennt man im Englischen »harlequin set«. Sie bieten die Möglichkeit, einen Tisch überaus individuell zu decken, und verheißen jede Menge Spaß beim Sammeln.

Antikes Porzellan erlebt derzeit ein Revival. Ein Service aus dem 19. oder frühen 20. Jahrhundert hat auch als alltägliches Tafelgeschirr seinen Reiz. Nicht weniger günstiges, freundliches Geschirr aus zweiter Hand oder zweiter Wahl. Ob Sie nun uni, bunt oder gemustert, leuchtend oder dezent bevorzugen, mischen Sie Altes und Neues. Ein Satz Teller vom Flohmarkt kann Ihren Altbestand auf vergnügliche, originelle und individuelle Weise aufmöbeln.

Glas und Gläser

Glas ist ein grandioser Werkstoff – die schlichte, moderne Karaffe ebenso faszinierend wie der mundgeblasene und geschliffene Weinkelch aus dem 17. Jahrhundert. Sie können mundgeblasen sein, manuell mit Modeln oder maschinell geformt sein. Die Oberfläche wird geätzt, graviert oder geschliffen. Manche Stücke sind astronomisch teuer und selten, andere so billig wie Kaugummi und robust obendrein. Im Hinblick auf Preise, Formen und Farben ist für jeden Tisch Passendes zu finden. Bevorzugen manche Leute Gläser eines Stils für die verschiedenen Getränke – vom Wasserglas bis zur Champagnerschale –, so wechseln andere gerne Design und Form entsprechend dem Anlass.

Bei Glas findet man so viele Variationen wie bei Geschirr, und es besteht keineswegs der Zwang, eine einheitliche Serie zu decken. Vielmehr gelingt es mit Gläsern blitzschnell, den Charakter eines Tisches zu verändern. Wassergläser etwa können komplett anders sein als Weingläser, und große Rotweingläser müssen nicht dasselbe Design haben wie die kleineren Weißweingläser.

Wenn Sie Spaß am Sammeln haben, kann es vorteilhaft sein, sich an einer Farbe zu orientieren, denn bei sowohl alten als auch neuen Glaswaren ist die Auswahl derart groß, dass man mühelos eine interessante Kollektion zusammenbekommt. Sehr alte Gläser findet man in tiefen Rot- und Amethysttönen, in Königsblau und einer Reihe von Grünschattierungen, von Smaragd- bis Grasgrün. Neues Glas wird in jedem nur denkbaren Ton gefertigt, und ein Farbakzent macht ein Ensemble spannend. Vergoldete Gläser sind der Inbegriff von Luxus – selbst ein einzelner Streifen vermittelt die Aura von Reichtum und Üppigkeit. Gemusterte Gläser haben ihre eigene Fangemeinde, und viele sammeln Gläser eines speziellen Stils, zum Beispiel mit den im 18. und 19. Jahrhundert so weit verbreiteten Weinblatt- und Traubengravierungen.

Welche Form Sie wählen, bestimmen Ihr Geschmack und praktische Erwägungen. Von jeher hat Glas die Erfindungsgabe der Handwerker und Designer beflügelt, und manch alte wie auch zeitgenössische Kreationen gleichen surrealen

GANZ OBEN Mit farbigen Gläsern lässt sich die Farbskala eines Tisches hervorragend erweitern oder ein frischer Akzent setzen. Farbiges Pressglas hat vor allem in den USA eine lange handwerkliche Tradition. OBEN LINKS Die klassischen Formen der schlichten Dekorelemente aus altem und neuem Glas harmonieren sehr gut mit dem sanften Goldton der Tischdecke und den Kerzenhaltern. OBEN RECHTS Die antiken Weißweinpokale in zartem Grün sind nicht nur besonderer Blickfang, sondern korrespondieren auch farblich mit dem Bouquet der Rosen. LINKE SEITE Die perfekten Gläser für ein Diner in Rumi Verjees Haus: Diese mundgeblasenen, vergoldeten Gläser der Firma Moser – die Ornamente werden geätzt und geschliffen – sind exquisite Beispiele der Glaskunst.

OBEN Tricia Foley hat hier eine Gruppe von kurzstieligen Gläsern in Flötenform zusammengestellt. Sie haben die ideale Form für eine Party, da sie leicht zu halten sind. UNTEN Für ihr Mittagessen im Hof verwendet Agnès Emery schlichte Glaskaraffen. Die zarten, mundgeblasenen Stöpsel wurden eigens für sie in Marokko gefertigt. Als Vorbild dienten Pflanzenformen des Gartens. RECHTE SEITE: OBEN LINKS Diese rosa geränderten, leicht milchigen Gläser bilden zwar einen Gegensatz zur grob strukturierten Steinplatte, finden aber ein farbliches Pendant im Blumenschmuck. OBEN RECHTS Das Rosaviolett der zarten Gläser wiederholt sich leicht nuanciert im Fliederton der Servietten. UNTEN LINKS Ein spiegelnder Tisch vervielfacht die Pracht der festlichen Gläser – hier für ein Geburtstagsfest arrangiert von der Eventagentur The Admirable Crichton. UNTEN RECHTS Auf einem fast monochromen Tisch mit nur sanften Farbakzenten sind Gläser mit Silberdekor eine reizvolle Alternative zu den üblichen Goldtönen.

Höhenflügen der Kunst. Im Alltagsgebrauch greift der eine lieber zum stämmigen Kelch, der andere zieht das feine Glas vor. Früher waren bei Weingläsern Tulpenformen beliebt, inzwischen aber findet die bauchigere Form mit einem stabilen Fuß großen Anklang. Beide haben ihre Vorzüge, Ihr persönlicher Geschmack entscheidet. Wenn Sie schönes Glas besitzen, dann sollten Sie die Gelegenheit nutzen, es zu zeigen. Verwenden Sie Einzelstücke nicht nur für Getränke, sondern beispielsweise auch für Blumen. Ein Sträußchen an jedem Gedeck ist ein überaus charmanter, persönlicher Willkommensgruß. Oder gruppieren Sie einige Teelichter in einem Glas in der Mitte des Tisches. Glas ist empfindlich und verdient es, sorgsam behandelt zu werden, insbesondere beim Säubern, denn dabei geht es leicht zu Bruch. Mundgeblasenes, geschliffenes oder antikes Glas sollte nicht in die Spülmaschine gestellt werden, denn die aggressiven Spülmittel verursachen nicht nur eine Trübung, sondern greifen auch die geschliffenen Ornamente an. Altes Glas, insbesondere Bleikristall, verkratzt leicht. Es empfiehlt sich, Gläser in einer Kunststoffschüssel abzuwaschen. Am besten trocknet man kostbare Gläser auch immer mit einem klassischen Glädertuch ab, um ein Verkratzen zu verhindern.

Gläser, ob alt oder neu, sollte man immer mit der Öffnung nach oben aufbewahren – und nicht umgekehrt, wie viele Leute es tun, um ein Verstauben zu verhindern. Der Rand ist gemeinhin der empfindlichste Teil eines guten Glases und wird allzu leicht beschädigt.

Besteck

Die uns heute so vertrauten Besteckformen haben einen durchaus praktischen Ursprung. Messer waren zunächst reine Jagdwaffen, die Gabel ist die Veredelung eines spitzen Messers, und der Löffel entstand aus der an einem länglichen Griff befestigten Schüssel. Das Jagdmesser, ein kräftiges und schon aufgrund seiner Verwendung sehr scharfes Werkzeug, nutzte man, um Speisen zu schneiden, während man das Stück mit einem kleineren Messer festhielt. Aus ebendiesem Utensil entwickelte sich ein Essgerät mit erst zwei und später drei Zinken: die Gabel. Das Messer schrumpfte im Laufe der Zeit, war es doch anfangs viel größer als die Gabel und nicht zuletzt ein Statussymbol für den Besitzer. Im 18. Jahrhundert waren die beiden Besteckteile in ihrer Form so entwickelt, dass man zusammen mit dem Löffel, der sowohl zum Servieren als auch individuell benutzt wurde, Speisen in jeglicher Form gut handhaben und genießen konnte. Seither, vor allem Ende des 19. und zu Beginn des 20. Jahrhunderts, hat man neue Essgeräte wie das stumpfe Fischmesser oder den spitzen Grapefruitlöffel entwickelt, um sich bei gewissen Gerichten bzw. Lebensmitteln das Leben zu erleichtern. Viele der heute populären Formen und Muster stammen bereits aus dem 17. und 18. Jahrhundert, als die Handwerker Anleihen bei Architektur und Dekorformen nahmen. Modernes Besteck wird in großem Umfang nach frühen Vorbildern hergestellt, zugleich ist es nicht schwierig, alte Stücke aufzustöbern. Sie werden oft in gemischten Bunden in Antiquitätenläden und auf Flohmärkten verkauft – und lohnen die Investition, insbesondere wenn man sich nicht daran stört, verschieden alte Stücke, aber immerhin eines Musters zu mischen. Entschließt man sich zum bunten Mix, dann sollte man versuchen, eine gewisse Einheitlichkeit nach ästhetischen wie praktischen Kriterien zu erzielen. In erster Linie sollten Messer, Gabel und Löffel natürlich ihren Zweck als Essgeräte erfüllen, was bei zeitgenössischen Modellen nicht immer der Fall scheint, wenn sich Designer zu sehr vom Wunsch der extravaganten Form leiten ließen. Wie exklusiv ein Besteck auf einem Tisch auch wirken mag, lässt sich nicht damit

GANZ OBEN Keith Johnson und Glen Senk lieben den eklektischen Stil, und daher entschieden sie sich für ein wunderschönes Besteck, das sowohl mit Geschirr als auch mit Gläsern alter und neuer Fasson harmoniert. OBEN LINKS Der Hornlöffel passt nicht nur farblich ausgezeichnet zu der feinen Schokoladentarte, sondern hat auch durch seine Textur eine vollkommen andere Anmutung als ein Metalllöffel. OBEN RECHTS Bei Voon Wongs Gedeck passt die schlanke Form dieses ultramodernen, eleganten Bestecks exzellent zu dem innovativen Geschirr. LINKE SEITE Dieses fein versilberte Besteck fernöstlichen Stils scheint der Inbegriff von Luxus und Kostbarkeit. Jedes einzelne Set wird zum Schutz in einer Tasche aus Rohseide aufbewahrt.

OBEN Ideale Ergänzung für den Esstisch im sonnigen kalifornischen Outdoor-Ambiente ist das Besteck mit bunt gemusterten Keramikgriffen. UNTEN Gängige Materialien für Griffe waren einst Knochen und Elfenbein, deren Charakter man heute in Plastik und Kunstharz zu imitieren versucht. RECHTE SEITE Tricia Foley sammelt alte Messer, Gabeln und Löffel unterschiedlicher Muster und deckt diese gerne bei ihren Stehpartys. Hübsch aufgereiht wirken die edlen Stücke gerade durch den spannenden Kontrast der Dekore.

essen, so hat es seinen Zweck verfehlt. Jedes Teil sollte angenehm und mit einer gewissen Schwere in der Hand liegen, der Griff gut zu fassen sein, die Messerklinge gut schneiden und breit genug sein, um damit Essen auf die Gabel schieben zu können. Mit dem Löffel sollte es möglich sein, Flüssiges zu schöpfen, und die Gabel spitze Zinken in gutem Abstand haben.

Die Industrie bietet heute Bestecke in fast allen Materialien, wobei die Klingen der Messer meist aus rostfreiem Stahl bestehen. Manche Leute sammeln alte Messer mit einfachen Stahlklingen. Diese bedürfen aufwendiger Pflege, haben aber ihren ganz eigenen Reiz. Die Griffe bestehen vielfach aus Metall, etwa aus rostfreiem Stahl oder Eisen, sind versilbert oder vergoldet. Traditionell hingegen hat man dafür Holz, Keramik, Knochen oder Elfenbein verarbeitet, wobei Letzteres heute mit Kunststoff imitiert wird. Man findet außerdem Modelle mit Griffen aus Bambus (echt oder künstlich), Glas, Acryl und Kunststoff – und diese in allen Farben und mit den ausgefallensten Dekoren. Griffe können heute in jede nur erdenkliche Form gepresst werden, sei es der ägyptische Gott oder der tapfere Ritter.

Es lohnt sich, Besteck zu pflegen. Alte Stücke sollte man mit der Hand spülen und die Klingen besonders sorgsam abtrocknen. Und wenn Sie ein spülmaschinenfestes Besteck besitzen, dann sollten Sie die Messer mit der Klinge nach unten hineinstellen, sodass das Wasser vom Griff abwärtsläuft und nicht umgekehrt.

Mit Kerzen auf dem Tisch und im Raum rundum vermitteln Sie Ihren Gästen von Beginn an das Gefühl, willkommen zu sein. Selbst wenn Sie elektrisches Licht haben, so sind Tischkerzen doch alte Tradition zu den Mahlzeiten, insbesondere bei Festlichkeiten. Aus gutem Grund, denn sie spenden nicht nur Licht. Im Schein der Kerzen wirken Speisen und Tischdekoration gleich noch mal so gut. Die riesige Auswahl reicht von hohen Säulenkerzen für große Windlichter bis zu winzigen Teelichtern, die jedem Gedeck eine persönliche Note verleihen oder in Gruppen auf einer langen Tafel sehr schön zu arrangieren sind.

Immer effektvoll sind die klassischen Kerzenhalter und mehrarmigen Leuchter, manch einer sammelt auch unterschiedliche, um sie in einer Gruppe zu arrangieren. Berücksichtigen sollte man nur, dass Kerzen und Halter entweder sehr hoch oder niedrig genug sein sollten, sodass die Gäste ihr Gegenüber ungestört sehen können. An einer langen Tafel bietet es sich an, mit der Höhe der Kerzen zu spielen und höhere Leuchter mit Gruppen von flachen Teelichtern zu kombinieren. Halten Sie auch Ausschau nach ungewöhnlichen Kerzen, die keinen speziellen Ständer brauchen und in vielfältigen Ausführungen auf dem Markt sind. Sie eignen sich bestens für ein Dekor im größeren Rahmen. Bei

den Farben ziehen die »Traditionalisten« einen Cremeton hartem Weiß vor und die strenge zylindrische Form einer konischen. Farbige Kerzen können Dekorationen einer bestimmten Farbe effektvoll ergänzen, und Silber- oder Goldtöne unterstreichen die Festlichkeit einer Tafel. Bei Tisch sind Duftkerzen tabu, denn künstliche Aromen und der Geruch der Speisen passen nicht zusammen.

Elektrisches Licht ist an einem Esstisch zwar manchmal praktisch, vor allem vor und nach dem Mahl, sollte aber nur äußerst vorsichtig eingesetzt werden, gerade wenn es sich um Deckenlampen handelt. Indirekte Beleuchtung, kleine Stehlampen und gedimmte Strahler können ein Arrangement plastisch und strukturreich wirken lassen.

GANZ OBEN Der Architekt und Designer John Pawson entwirft nicht nur Besteck und Geschirr. Von ihm stammen auch einige wunderschöne Dekoraccessoires wie diese schlichten Kerzenständer, die mit ihren Glaszylindern an Windlichter der Kolonialzeit erinnern. OBEN RECHTS Selten wirkt ein Lüster schöner als in einem elegant ausgestatteten Esszimmer, in dem der Tisch zu einem Festessen gedeckt ist und sich der Schein der Kerzen in den Kristallornamenten spiegelt. OBEN LINKS François Gilles hat ein Faible für den Stil der 1950er-Jahre und über seinem Esstisch drei Hängelampen aus dieser Zeit angebracht. RECHTE SEITE Auf diesem Tisch in weichen Silber- und Grauschattierungen ergänzen sich Kerzen in extrem flachen, silbernen Haltern und Teelichter in golden schimmernden Gläsern zu einem Ensemble sanften Lichts.

Licht

Blumen

Dieses Buch steckt voller außergewöhnlicher Ideen für kreativen Blumenschmuck auf einem Tisch, vom dezenten Sträußchen bis zum aufwendigsten Arrangement. Nachfolgend einige Grundsätze für die richtige Wahl der Pflanzen und Blüten. Mitte des 19. Jahrhunderts gehörten frische Blumen zu den Musts eines stilvollen Tisches. Man verwendete Blumen in komplizierten Arrangements, vielfach schon künstlich wirkenden Tafelaufsätzen und Girlanden aus weißen Stechwinden und Laub, die in ausladenden Bögen die Seiten der Tische schmückten. Ist unser Geschmack heute auch etwas schlichter, so dekorieren Gastgeber so oft wie möglich mit Blumen – und wer würde das nicht in Anbetracht der immensen Auswahl an Sorten und Farben. Natürlichkeit sollte immer das Motto sein, wenngleich dieses Ziel häufig unnatürliche Maßnahmen erfordert. Beherzigen Sie die eiserne Regel, und dies kann nicht oft genug wiederholt werden, entweder sehr hohe Gebinde oder ganz niedrige zu dekorieren, um unter den Blüten oder über die Blüten hinweg Ihr Gegenüber bei Tisch sehen zu können. Bei flachen Arrangements müssen Sie nicht auf hohe Blumen verzichten: Schneiden Sie die Stängel extrem kurz, dann können Sie die Blüten in flachen Gefäßen präsentieren. Die Entscheidung für ein großes Gebinde an einem zentralen Punkt, mehrere kleine oder sogar ein Sträußchen bei jedem Gedeck hängt ganz von der Vielfalt und Menge der Speisen ab. Denn für alles sollte bequem Platz vorhanden sein und der Tisch nicht übervoll wirken. Blumen müssen nicht teuer sein, die Anmutung der Frische ist reizvoll und wichtig und nicht das Ausgefallene. Und ebenso wie viele Gastgeber konsequent auf Duftkerzen verzichten, um nicht von den Aromen der Speisen abzulenken, stehen aus genau demselben Grund stark duftende Blüten nie auf der Dekoliste erfolgreicher Eventplaner. Zentrale Blumenarrangements sollten von jedem Punkt des Tisches aus gut sichtbar sein und beeindrucken. Einzelne Sträußchen hingegen können weit legerer gestaltet sein, und zwar mit kleinen Blumen in jeder Art von Gefäßen, seien es Eierbecher, Miniaturvasen oder -flaschen, und in jeder Art von Trinkglas: dekora-

GANZ OBEN Diese Blütenspirale ist ein Paradebeispiel für Preston Baileys Blumenarrangements: Beleuchtet von kleinen Kerzen und verziert mit langen Glastropfen, schraubt sich ein langes Band porzellanzarter Orchideen und grellgrüner Chrysanthemenblüten in die Höhe. OBEN LINKS Blumen, die wie diese Rosen und Lilien normalerweise mit ihren hohen Stängeln in die Vase gestellt werden, wirken komplett anders, wenn sie stark gekürzt in schlichten Glasgefäßen stehen. OBEN RECHTS Wenn sich auf dem Tisch für eine Geburtstagsparty alles um die hohe Kunst der Tortenbäckerei dreht, dann ähneln auch die Blütenbouquets leckeren Sahnetörtchen. LINKE SEITE Peri Wolfman liebt es, mit Blumen zu gestalten, aber sie beschränkt sich auf eine Farbe und wählt bevorzugt Blüten der jeweiligen Jahreszeit.

OBEN Für das Diner zum Erntedankfest hat Alison Price Blüten und Früchte des Herbstes in einer zum festlichen Tisch passenden Form gesteckt und gebunden. UNTEN Gartenblumen und schönes Blattwerk, hier sind es Margeriten, Frauenmantel und Phlox, entfalten ihren ganzen Charme in schlichten kleinen Glasgefäßen, die direkt neben den Gedecken stehen. RECHTE SEITE Die üppig mit Früchten, Hortensien und Pfingstrosen gefüllte Schale vertieft die Farben des übrigen Dekors und lässt das marokkanische Essen zum Festmahl werden.

tiven Teegläsern, Sherry- und Schnapsgläsern, Cognacschwenkern oder farbigen Likörgläsern. Blumen aus dem Bauerngarten oder von den Wiesen wie etwa Kornblumen, Wicken und Maiglöckchen bezaubern besonders in dieser Art der Präsentation.

Dekorieren Sie mehr als ein Gebinde, dann sollten Sie bei einem Motto oder Typ bleiben. Das kann eine Reihe von kubischen Glasvasen prall gefüllt mit weißen Tulpen sein oder zwei oder drei schmale Karaffen, in denen eine oder zwei langstielige Rosen blühen. Nicht nur Blumen eignen sich, um den Eindruck von Frische zu erwecken. Hervorragend machen sich Kräuterbouquets mit Rosmarin, glatter Petersilie und Minze etwa in schlichten geraden Glasgefäßen. Hier beeindrucken die verschiedenen Grüntöne und Blattstrukturen.

Auch kleine blühende Topfpflanzen können eine Tischdekoration wunderbar vervollkommnen – vor allem hat man auch später noch Freude an ihnen, kann sie in einen Blumenkasten oder in ein Blumenbeet setzen. Zarte Blümchen wie Stiefmütterchen, Nelken oder kurzstielige Iris passen gut in Tontöpfchen, schlichte Gläser, winzige Metalleimer oder kleine chinesische Keramikschalen, vielleicht mit etwas Moos um die Stängel dekoriert.

Betrachten Sie den Tisch immer als Ganzes und erzielen Sie mit Blumen und Gefäßen Kontraste zur Tischoberfläche oder der -decke: Haben Sie den Mut zu groben Metallcontainern auf einer Spitzendecke oder zu fragilem Glas und Porzellan auf einem modernen Tisch.

Weitere Dekorationen

Seit dem Mittelalter waren Esstische die Bühne für großartige Dekorationen, deren Opulenz im Italien der Renaissance ihren glanzvollen Höhepunkt erreichte. Man verblüffte an den Adelshöfen des 16. Jahrhunderts die Festgäste mit grandiosen, teils bemalten und vergoldeten architektonischen Fantasiegebilden aus Zucker, vermischt mit anderen Nahrungsmitteln. Die Mode verbreitete sich – wenn auch in moderaterer Ausprägung – über ganz Europa, und keine Festtafel war komplett ohne eine dekorative Verrücktheit. Nehmen sich Tischdekorationen heute auch eine gehörige Portion schlichter aus, so geben die Gestalter dennoch ihrer Kreativität viel Raum. Im Vordergrund steht aber nicht, die Gäste zu überwältigen, sondern ihnen das Gefühl von Behaglichkeit zu vermitteln und ihnen eine interessante Präsentation hübscher Dekorationen zu bieten. Dinge aus der Natur machen sich immer gut, eine Handvoll Muscheln zum Beispiel oder farbige Steine und Strandkiesel. Ganz im Stil des 18. Jahrhunderts lässt sich der Tisch auch zur wirkungsvollen Ausstellungsfläche für kleine Keramikfiguren, Porzellan- oder Tonvögelchen, die sonst eher Kaminsimse oder Sideboards schmücken, wandeln. Zarte Silberobjekte, Miniaturobelisken und andere Formen aus der Architektur eignen sich bestens, solange die Größe stimmt und sie nicht das Servieren oder die Sicht der Gäste behindern.

Extravaganzen sind willkommen, nur sollten wir maßhalten: Bunte Papiervögelchen oder -schmetterlinge, die man in Schreibwarenläden bekommt, oder Dekoobjekte, die für den Weihnachtsbaum gedacht sind, aber auch zu anderen Anlässen sehr hübsch wirken, Beispiele sind goldfarbene Pfauen und andere Vögel aus Papiermaschee, lassen sich ausgezeichnet in ein dekoratives Ensemble integrieren. Servietten kann man rollen und mit bunten Bändern, Kordeln, Strick oder einem farbenfrohen Armreif aus einem Orientshop schmücken. Behalten Sie allerdings eines im Auge, wenn Sie einen Tisch unter ein bestimmtes Motto stellen: Schaffen Sie nicht zu viele Bezüge. Weniger ist oft mehr.

GANZ OBEN Diane Fisher-Martinson verfügt über das Geschick, scheinbar ungleiche Elemente zu einem gefälligen Ensemble vereinen zu können, opulente Tischdekorationen sind ihre Spezialität. OBEN LINKS Alison Price liebt es, Themen bis ins letzte Detail auszureizen. Bei ihrem maritimen Abendessen hat jedes Element, vom Seestern bis zum Salzstreuer in einer Muschel, einen Bezug. OBEN RECHTS François Gilles verwendet Farben und markante Objekte als stilbestimmende Elemente einer Tischdekoration. Hier stellen die Granatäpfel die farbliche Verknüpfung zwischen der Tischplatte und der handgefertigten Keramik her. LINKE SEITE Rumi Verjee dekoriert gerne überraschende und ungewöhnliche Objekte wie hier kleine metallene Pagoden als Serviettenringe.

DESIGNER

deren Kreationen in diesem Buch vorgestellt werden

Abigail Ahern
Atelier Abigail Ahern
137 Upper Street, Islington
London N1 1QP
Großbritannien
Tel. +44 (0)20 7354 8181
www.atelierabigailahern.com

Preston Bailey
147 West 25th Street, 11th Floor
New York, NY 10001
USA
Tel. +1 (0)212 741 9300
www.prestonbailey.com

Kristof & Stefan Boxy
Boxy's
Mortelstraat 91
9831 Deurle
Belgien
Tel. +32 (0)9 385 8733
www.boxys.be

Agnès Emery
27 rue d l'Hopital
1000 Brüssel
Belgien
Tel. +32 (0)2 513 5892
www.emeryetcie.com

Tricia Foley
tricia@triciafoley.com
www.wedgwood.com

François Gilles
IPL Interiors
Studio 4a
75–81 Burnaby Street
London SW10 0NS
Großbritannien

Delphine Krakoff
Pamplemousse Design Inc
157 East 61st Street
New York, NY 10021
USA
Tel. +1 (0)212 980 2033

Beatrice Lafontaine
When Objects Work
Tel. +32 (0)50 61 33 54
www.whenobjectswork.be

Ebba Lopez
Linum France SAS
ZAC due Tourail, Coustellet
84660 Maubec
Frankreich
Tel. +33 (0)490 76 34 00
www.linum-france.com

Louise Nason
Melt Chocolates
59 Ledbury Road
Notting Hill
London W11 2AA
Großbritannien
Tel. +44 (0)20 7727 5030
www.meltchocolates.com

Gilles & Marianne Pellerin
Collection Privée
9 rue des Etat-Unis
06400 Cannes
Frankreich
Tel. +33 (0)4 97 06 94 94
www.collection-privee.com

Alison Price
Alison Price & Company
Norfolk House
5a Cranmer Road
London SW9 6EJ
Großbritannien
Tel. +44 (0)20 7840 7640
www.alisonprice.co.uk

Carolyn Quartermaine
Carolyn Quartermaine Studio
7 Philbeach Gardens
London SW5 9EY
Großbritannien
Tel. +44 (0)20 7373 4492
www.carolynquartermaine.com

Johnny Roxburgh
Admirable Crichton
Unit 5 Camberwell Trading Estate
Denmark Road
London SE5 9LB
Großbritannien
Tel. +44 (0)20 7326 3800
www.admirable-crichton.co.uk

John Saladino
200 Lexington Avenue
New York, NY 10016
USA
Tel. +1 (0)212 684 6805
www.saladinostyle.com

Glen Senk and Keith Johnson
Anthropologie
www.anthropologie.com

Nicolette Schouten
Collection Privée
3 rue des Etat-Unis
06400 Cannes
Frankreich
Tel. +33 (0)4 93 99 23 23
www.collection-privee.com

Sally Sirkin Lewis
J Robert Scott
500 North Oak Street
Inglewood, CA 90302
USA
Tel. +1 (0)877 207 5130
www.jrobertscott.com

Stephanie Stokes
Stephanie Stokes Inc
139 East 57th Street
New York, NY 10022
USA
Tel. +1 (0)212 756 9922
www.stephaniestokesinc.com

Thomas Goode
19 South Audley Street
London W1K 2BN
Großbritannien
Tel. +44 (0)20 7499 2823
www.thomasgoode.com

Nathan Turner
636 Almont Drive
Los Angeles, CA 90069
USA
Tel. +1 (0)310 275 1209
www.nathanturner.com

Vicente Wolf
333 West 39th Street
New York, NY 10018
USA
Tel. +1 (0)212 465 0590
www.vicentewolfassociates.com

Voon Wong
Voon Benson
Unit 3d, Burbage House
83 Curtain Road
London EC2A 3BS
Großbritannien
Tel. +44 (0)20 7033 8763
www.voon-benson.com

ADRESSEN

GLAS UND PORZELLAN

Arzberg Porzellan
Fabrikweg 41
95706 Schirnding
Tel. +49 (0)9233 4030
www.arzberg-porzellan.de

Atelier Abigail Ahern
137 Upper Street, Islington
London N1 1QP
Großbritannien
Tel. +44 (0)207 354 8181
www.atelierabigailahern.com

The Conran Shop
Michelin House
81 Fulham Road, Chelsea
London SW3 6RD
Großbritannien
Tel. +44 (0)207 589 7401
www.conranshop.co.uk

CRI-CRI Cityhaus
Roßmarkt 13
60311 Frankfurt
Tel. +49 (0)69 1310 606
www.cri-cri.com

Friesland Porzellan
Rahlingerstr. 23
26316 Varel
Tel. +49 (0)4451 170
www.frieslandporzellan.de

B. T. Dibbern
Heinrich-Hertz-Str. 1
22941 Bargteheide
Tel. +49 (0)4532 2851-0
www.dibbern.de

Glas. Sybille Homann
Turnerstr. 7
20357 Hamburg
Tel. +49 (0)40 43 280 772
www.sybille-homann.de

Gmundner Keramik
Keramikstraße 24
4810 Gmunden
Österreich
Tel. +43 (0)7612 7860
www.gmundner-keramik.at

Habitat
Düsseldorf, Hamburg, Köln, Stuttgart
Tel. +49 (0)231 725 48 30
www.habitat.de

Hering Berlin
Königsweg 303
14109 Berlin
Tel. +49 (0)30 8060 4005
www.hering-berlin.de

Höchster Porzellan-Manufaktur
Palleskestr. 32
65929 Frankfurt
Tel. +49 (0)69 300 90 20
www.hoechster-porzellan.de

KAHLA Porzellan
Christian-Eckardt-Str. 38
07768 Kahla
Tel. +49 (0)36424 792 00
www.kahlaporzellan.com

Kaufhaus des Westens
Tauentzienstr. 21–24
10789 Berlin
Tel. +49 (0)30 2121-0
www.kadewe-berlin.de

Königlich Tettau
Fabrikstr. 1
96355 Tettau
Tel. +49 (0)9269 980 20
www.koeniglich-tettau.com

KPM Königliche Porzellan-Manufaktur Berlin
Wegelystraße 1
10623 Berlin
Tel. +49 (0)30 390 090
www.kpm-berlin.de

LEONARDO
Postfach 1354
33003 Bad Driburg
Tel. +49 (0)5253 860
www.leonardo.de

Marks and Spencer Group plc
Waterside House
25 North Wharf Road
London W2 1NW
Großbritannien
Tel. +44 (0)207 935 4422
www.marksandspencer.com

Moser Glas Prag
Kpt. Jaroš 46/19
36006 Karlovy Vary
www.moser-glass.com

Murano Glass
Fondamenta Sebastiano Venier, 38
30141 Murano, Venedig
Italien
www.murano-glass-shop.it

La Porcelaine Blanche
32, Rue de l'Hôtel des Postes
06000 Nizza
Frankreich
Tel. +33 (0)493 621 125
www.laporcelaineblanche.com

Porzellanmanufaktur Fürstenberg
Meinbrexener Str. 2
37699 Fürstenberg
Tel. +49 (0)5271 40 10
www.fuerstenberg-porzellan.com

Porzellanmanufaktur Ludwigsburg
Im Schloss
71634 Ludwigsburg
Tel. +49 (0)7141 975 040
www.porzellan-manufaktur-ludwigsburg.de

Porzellan Manufaktur Nymphenburg
Nördliches Schlossrondell 8
80638 München
Tel. +49 (0)89 179 19 70
www.nymphenburg.com

Porzellanmanufaktur Reichenbach GmbH
Fabrikstraße 29
07629 Reichenbach
Tel. +49 (0)3660 18 80
www.porzellanmanufaktur.net

Riedel Glas
Weissachstr. 28–32
6330 Kufstein
Österreich
Tel. +43 (0) 5372 648 96
www.riedel.com

Rosenthal
Philip-Rosenthal-Platz 1
95100 Selb
Tel. +49 (0)9287 720
www.rosenthal.de

Seltmann Weiden
Christian-Seltmann-Straße 59-67
92637 Weiden i. d. Oberpfalz
Tel. +49 (0)961 2040
www.seltmann-weiden.com

Staatliche Porzellan-Manufaktur Meissen
Talstr. 9
01662 Meißen
Tel. +49 (0)3521 468 600
www.meissen.de

Thomas Goode
19 South Audley Street, Mayfair
London W1K 2BN
Großbritannien
Tel. +44 (0)207 499 2823
www.thomasgoode.com

La Verrerie de Biot
Chemin des Combes
06410 Biot
Frankreich
Tel. +33 (0)493 650 300
www.verreriebiot.com

Villeroy & Boch
Saaruferstraße
66693 Mettlach
Tel. +49 (0)6864 810
www.villeroy-boch.com

Wallendorfer Porzellan Manufaktur
Kirchweg 1
98739 Lichte/Wallendorf
Tel. +49 (0)3670 16 90
www.wallendorfer-porzellan.de

Wedgwood
Philip-Rosenthal-Platz 1
95100 Selb
Tel. +49 (0)9287 72 180
www.wedgwood.com

when objects work
Korte Gotevlietstraat 2a
8000 Brugge
Belgien
Tel. +32 (0)50 613 354
www.whenobjectswork.com

WMF
Eberhardstraße
73309 Geislingen/Steige
Tel. +49 (0)7331 251
www.wmf.de

TISCHWÄSCHE UND TEXTILIEN

Beauvillé
19, route de Sainte-Marie-aux-Mines
68150 Ribeauvillé
Frankreich
Tel. +33 (0)389 737 474
www.beauville.com

CRI-CRI Cityhaus
Roßmarkt 13
60311 Frankfurt
Tel. +49 (0)69 1310 606
www.cri-cri.com

Curt Bauer
Bahnhofstr. 16
08280 Aue
Tel. +49 (0)3771 50 00
www.curt-bauer.de

ERI Textiles & Accessories
Buchenhain 1
82229 Seefeld
Telefon: +49 (0)8152 796 17
www.eri-textiles.com

Hofer
Königsallee 60
40212 Düsseldorf
Tel. +49 (0)211 134 161
www.hofer-koenigsallee.de

Lavinia Collection
An der Weidenmühle 15
67598 Gundersheim
Tel. +49 (0)624 490 55 57
www.lavinia-collection.de

Linum
Roggenhorsterstr. 35
23556 Lübeck
Tel. +49 (0)451 899 98 01
www.linum-gmbh.de

Louis Sayn
Friedrichshütte 6
57334 Bad Laasphe
Tel. +49 (0)2752 208 50
www.louissayn.de

Pichler Feine Tischwäsche
Pichlerstr. 2–4
89150 Laichingen
Tel. +49 (0)733 395 90
www.pichler-textil.de

quiltmania by Ines Khasani
Gaisdorf 7
74547 Untermünkheim
Tel. +49 (0)7906 94 19 49
www.quiltmania.de

Sander Table & Home
Im Bachgrund 16
40641 Meerbusch
Tel. +49 (0)2132 996 960
www.sander-kg.de

Thomas Goode
19 South Audley Street, Mayfair
London W1K 2BN
Großbritannien
Tel. +44 (0)207 499 2823
www.thomasgoode.com

Vent du Sud
273, rue Charles Nungesser
34135 Mauguio cedex
Frankreich
Tel. +33 (0)467 200 470
www.ventdusud.com

white factory
Schumannstr. 5
81635 München
Tel.: +49 (0)1805 005 736
www.whitefactory.de

TISCHSETS PLATZDECKCHEN

Anne's Table
St. Johanner Str. 41 – 43
66111 Saarbrücken
Te. +49 (0)681 372 010 00
www.shop.annes-table.com

Artipics
Auf dem Kamm 9
51427 Bergisch Gladbach
Tel. +49 (0)2204 921 790
www.tischkunst.de

Graham and Green
4 Elgin Crescent
London W11 2HX
Großbritannien
Tel. +44 (0)207 243 8908
www.grahamandgreen.co.uk

Tissage Moutet
Route de Brion, B.P. 328
64303 Orthez Cedex
Frankreich
Tel. +33 (0)559 691 433
www.tissage-moutet.com

BESTECK

Auerhahn Bestecke
Im oberen Tal 9
72213 Altensteig
Tel. +49 (0)7453 94 680
www.auerhahn-bestecke.de

Briefanker Bestecke
Picard & Wielpütz GmbH & Co. KG
Burgstr. 106/110
42655 Solingen
Tel. +49 (0)212 222 530
www.briefanker.de

Compagnie des Arts de la Table – Puiforcat
23, rue Boissy d'Anglas
75008 Paris
Frankreich
Tel. +33 (0)1 494 283 00
www.puiforcat.com

Carl Mertens
Krahenhöher Weg 8
42659 Solingen
Tel. +49 (0)212 242 250
www.carl-mertens.com

Marsvogel Messer
Spitzwegstr. 28
42719 Solingen
Tel. +49 (0)212 311 017
www.marsvogel-solingen.de

Paul Wirths
Bergstr. 40–42
42651 Solingen
Tel. +49 (0)212 222 250
www.paul-wirths.de

Robbe & Berking
Zur Bleiche 47
24941 Flensburg
Tel. +49 (0)461 903 06-0
www.robbeberking.de

Thomas Goode
19 South Audley Street, Mayfair
London W1K 2BN
Großbritannien
Tel. +44 (0)207 499 2823
www.thomasgoode.com

WMF
Eberhardstraße
73309 Geislingen/Steige
Tel. +49 (0)7331 251
www.wmf.de

Villeroy & Boch
Saaruferstraße
66693 Mettlach
Tel. +49 (0)6864 810
www.villeroy-boch.com

Zwilling J.A. Henckels
Grünewalderstr. 14–22
42657 Solingen
Tel. +49 (0)212 88 20
www.zwilling.com

ACCESSOIRES UND LICHT

Alessi Deutschland
Ludwigstr. 11
80539 München
Tel. +49 (0)89 206 028 80
www.alessi.de

Anthropologie
www.anthropologie.com

Atelier Abigail Ahern
137 Upper Street
Islington
London N1 1QP
Großbritannien
Tel. +44 (0)207 354 8181
www.atelierabigailahern.com

Baccarat
63, rue Edouard Vaillant
92300 Levallois Perret
Frankreich
Tel. +33 (0)820 322 222
www.baccarat.com

Emery & Cie
27, rue de l'Hopital
1000 Brüssel
Belgien
Tel. +32 (0)2513 5892
www.emeryetcie.com

Gesundes Licht
Südl. Münchner Str. 24a
82031 Grünwald
Tel. +49 (0)89 649 191 45
www.gesundes-licht.de

Habitat
Düsseldorf, Hamburg, Köln, Stuttgart
Tel. +49 (0)231 725 48 30
www.habitat.de

Kirsch Interior
Rodelweg 7
82067 Ebenhausen
Tel. +49 (0)8178 997 9127
www.kirsch-interior.de

Licht & Design – Die Lichtfabrik GmbH
Maybachstr. 11
31135 Hildesheim
Tel. +49 (0)5121 749 950
www.licht-design.de

Nathan Turner
636 Almont Drive
Los Angeles, CA 90069
USA
Tel. +1 (0)310 275 1209
www.nathanturner.com

Stephanie Stokes Inc.
470 Park Avenue
New York, NY 10022
USA
Tel. +1 (0)212 879 1624
www.stephaniestokesinc.com

white factory
Schumannstr. 5
81635 München
Tel.: +49 (0)1805 005 736
www.whitefactory.de

TISCHE UND STÜHLE

The Conran Shop
Michelin House
81 Fulham Road
London SW3 6RD
Großbritannien
Tel. +44 (0)207 589 7401
www.conradshop.co.uk

Deutsche Werkstätten Hellerau
Moritzberger Weg 67
01109 Dresden
Tel. +49 (0)351 215 900
www.dwh.de

Eden Living
Klosterallee 67
20144 Hamburg
Tel. +49 (0)40 421 024 24
www.edenliving.de

Habitat
Düsseldorf, Hamburg, Köln, Stuttgart
Tel. +49 (0)231 725 48 30
www.habitat.de

Holz-Royce Tischlerei
Lentföhrdener Weg 21
22523 Hamburg
Tel. +49 (0)40 430 31 01
www.holz-royce.de

IKEA Deutschland
Am Wandersmann 2–4
65719 Hofheim-Wallau
Tel. +49 (0)1805 353 435
www.ikea.de

Lambert
Konstantinstr . 303
41238 Mönchengladbach
Tel. +49 (0)2166 868 30
www.lambert-home.de

Möbelle Tischkollektiv
Eisenacherstraße 56
10823 Berlin
Tel. +49 (0)30 782 3179
www.moebelle.net

Rolf Benz
Haiterbacherstr. 104
72202 Nagold
Tel. +49 (0)7452 6010
www.rolf-benz.de

Rauch Möbelwerke
Wendelin-Rauch-Straße
97896 Freudenberg
Tel. +49 (0)9375 810
www.rauchmoebel.de

Sawaya & Moroni
Via Manzoni, 11
20121 Milano
Italien
Tel. +39 (0)286 395 201
www.sawayamoroni.com

voonwong&bensonsaw
Unit 3D, Burbage House
83 Curtain Rd
London EC2A 3BS
Großbritannien
Tel. +44 (0)207 0338 763
www.voon-benson.com

EVENTPLANER, CATERING, FLORISTEN

Alison Price & Company
Norfolk House
5a, Cranmer Road
London SW9 6EJ
Tel. +44 (0)207 7840 7640
www.alisonprice.co.uk

Alois Dallmayr KG
Dienerstr. 14–15
80331 München
Tel. +49 (0)89 213 50
www.dallmayr.de

Boxy's
Mortelstraat 9A
9831 Deurle
Belgien
Tel. +32 (0)9385 8733
www.boxys.be

Feinkost Käfer
Heimstettener Str. 1
85599 Parsdorf
Tel. +49 (0)89 416 81
www.feinkost-kaefer.de

Kaiserschote
Feinkost Catering GmbH
Donatusstraße 141
50259 Pulheim-Braunweiler
Tel. +49 (0)2234 998 020
www.kaiserschote.de

Kofler & Kompanie
Unter den Linden 2
10117 Berlin
Tel. +49 (0)30 2592 890
www.koflerkompanie.com

Little Venice Cake Company
15 Manchester Mews
London W1U 2DX
Großbritannien
Tel. +44 (0)20 7486 5252
www.lvcc.co.uk

Preston Bailey
147 West 25th Street, 11th Floor
New York, NY 10001
USA
Tel. +1 (0)212 741 9300
www.prestonbailey.com

The Admirable Crichton
Unit 5 Camberwell Trading Estate
Denmark Road
London SE5 9LB
Großbritannien
www.admirable-crichton.co.uk

Register

Kursive Seitenangaben verweisen auf Bildtexte.

Abendessen 96–103
Acrylglas *144*, 174
Admirable Crichton, The 136, *142*, 144, *146*, *170*
Ahern, Abigail *81*, 83, 88, *88*
  Atelier London *81*, 83
Anrichte, Sideboard 54, *54*, *128*, 134, 183
Anthropologie 62, *65*, *87*
Asiatischer Stil *116*
  Besteck *173*
  Essstäbchen 17
  Geschirr *108*
  Platzgedeck 18, *19*
Austen, Jane 116

Baccarat *16*, *36*, *43*
Bailey, Preston *120*, 151–152, *151*, *152*, *179*
Bambus 107, 161, 162, *162*, *166*, 174
Bänke 53, *62*, *96*, *110*
Bankette 13, 18, 24
Becherglas *57*
Beleuchtung 176–177
  abends 176
  Außenbeleuchtung 176
  gedämpft 34, 36, 65, 90, 123
  Halogen 152
  Hintergrund 44
  Lichtinsel 40, 90
  romantisch 40, 44
  Spot 133
  Wandbeleuchtung *75*
»below the salt« 14
Bernadout 36, *130*
Berning, Clarissa *81*
Besteck *29*, 102, 107, 140, 147, *162*, 172–175
  aufdecken 18, *19*
  mit Elfenbeingriff 49
  mit Keramikgriff 174
  Hybridform *166*
  Pflege 174
  Silberbesteck *53*, *60*, *166*
Biales, Linda *75*
Blattwerk 53, *110*, *124*, *162*, 180, *180*
Blumen 36, 53, 75, *75*, 88, *90*, 120, *120*, *128*, 130, 133, *136*, 178–181
  blühende Pflanzen *123*, 180
  Blütenschmuck 44, 54, *54*, *140*
  Blütenköpfe *144*, 179
  duftend 179
  extravagante Dekoration 13
  Feld 66
  Garten 70, *70*, 83, 102, *110*, 180, *180*
  hoch 40, *40*, 147, 179
  in Gläsern 49
  in Glaszylindern 140
  in Schalen *30*, *40*, *43*, *124*
  in Vasen 49, 110, *114*, 125
  niedrig 40, *40*, 90, 125, 127, 151, 170, 179
  Rosen 43, 60, 66, 70, 140, 152, 169
  schlicht *65*
  Sträußchen 170, 180
  Tafelaufsätze *60*, 114, *179*, 180
Boxy-Brüder, Stefan und Kristof *81*, 100
Bücherregale *36*
Büfett(partys) 134–141

Chiswick House, West London 144, *144*
Coach (Inneneinrichtung) *16*, 36, *36*, *130*
Collection Privée *30*, 72, *72*, *75*, *87*
Conran, Jasper *139*, 140
Creamware-Keramik 139 *139*

Dachterrassen *20*
Damast *43*, 60, *60*, 87, 120, *130*, 161, *162*
Davda 88, *88*
Delafontaine, Beatrice 100
Dinnerpartys 24
Drehteller (Lazy Susan) 107, *107*
Durchbruchstickerei *60*, 88, 161

Eimer *123*, *136*
Einladung für Familie und Freunde 122–129
Emery, Agnès 108, 122, *122*, *142*, 148, *148*, *170*
Erntedankfest *(Thanksgiving)* 127, *127*, *128*, *180*
Essen im Freien 104–117
Essplätze *20*, 21, *21*
Esszimmer *siehe Speisezimmer*
Etherington-Smith, Meredith 58, *58*, 60, 99, 130, *130*
Etikette 14, 130

Feste 13, 14, *53*, 142, *180*
  Garten 50, 120
Figuren 183
Fischterrine 62, *62*
Fisher-Martinson, Diane 46, *46*, 104, *104*, 107, *183*
Flanell 46, *46*
Flaschen
  Bierflaschen *81*
  Buddelschiffe *114*
  Glasflaschen 102, *102*
  marokkanisch *44*
  Sake *133*
  Weinflaschen *139*
Foley, Tricia *10*, 92, *93*, 139–40, *139*, *140*, *170*, *174*
Förmlicher Stil 26–31
Fornasettit *29*
Fotografien 102, *102*
Frewen, Rolline 144, *146*
Früchte als Dekor 34, 53, 113, *128*, *136*, *180*, *183*
Früchteschale *183*
Frühstück 80–85, 134

Gabeln 10, 24, 173, *173*, 174, *174*
  aufdecken 18
  Dessertgabeln 18, *57*, 147
  Gabel für den Hauptgang 18
  mit Elfenbeingriffen *49*
  Fischgabeln 18
  klein 18
  aus Perlmutt *133*
  Verwendung in Europa/Amerika 16
  Zinken 13, 18, *18*
Galadiners 18, *18*, 130–133
Gärten *43*, 104–117
Gästezahl bei Tisch 17
Gebäckplatte *93*
Geburtstage 144, *144*, *179*
Gedeck, amerikanischen Stils 18
Gedeck, französischen Stils 18, *18*
Gemüse als Dekoration 34, 113, *128*
Geschichte des Essens 10, 13
Geschirr
  Bleikristall 81
  flach 146
  handglasiert 88, *88*
  Holz 10
  Nachtisch *40*, *113*
  Porcelaine Blanche *72*
  Servierschüsseln 24, 88, 136
  Steingut 54, *81*
  Suppenschüsseln 29
  Ton *13*, *57*
  für Würzsaucen 84, *84*, *99*
  Zinn 10
Geschirrtücher 60, *65*, 92, *162*
Gilles, François 80, 83, *83*, 99, *99*, *176*, *183*
Glas, Gläser, Glaswaren 44, *82*, 83, 114, 168–171, 180
  antik *46*
  aufdecken 18
  Baccarat *36*, *43*
  aus Biot *66*
  Cognacschwenker 180
  Dessertgläser *39*
  farbig 18, *24*, 44, *44*, *66*, *72*, *78*, *133*, *136*, *162*, 169, *169*
  finnisch *96*, *166*
  Flötenform *170*
  gebogen *24*
  gemustert 169
  irisierend *110*
  Kerzen in Gläsern 127
  Kristall, irisches *13*, *62*
  Likörgläser 180
  modern *58*
  mundgeblasen 169, *169*
  Pflege 170
  Portweingläser *29*
  Pressglas *65*, 169, *169*
  Schnapsgläser 180
  Sherrygläser 180
  Teegläser *44*, *53*, 180
  Teelichter in Gläsern 44
  Trinkgläser *90*
  vergoldet 19, *29*, *49*, *176*
  venezianisch (Murano) 49
  Wassergläser *49*, *100*, 169
  Weingläser *124*, 169
  Weißweingläser *60*, *169*
Gläseruntersetzer mit Eglomisé-Dekor 49, *49*
Gold, Charles 33
Griechen der Antike 14, 17, 142
Gummi 161, 162

Hering-Porzellan *29*, *116*
High tea 92
Hogarth, William ∫›Marriage a la Mode‹ 14
Holzteller 10
Hors d'oeuvres 13, 18

Imari-Stil 58
Internationaler Stil 50–57

Jacobsen, Arne *24*, *33*, 34
Japanischer Stil *57*, *57*
Johnson, Keith 62, *62*, 65, *65*, *87*, *93*, *99*, 122, *173*

Kaffeekannen *29*, *116*
Kambodschanischer Stil 54, *54*, *166*
Kaminsimse *93*, 183
Karaffen *18*, *30*, 108, 169, *170*, 180
Kelchgläser, Pokalgläser 100, 169, 170
Kelims 156
Keramik *13*, 29, 54, *57*, 60, *88*, 165, 166
  Creamware 139, *139*
Kerzen *10*, *14*, 34, 49, 53, 66, 75, *75*, *78*, *96*, 123, 144, *144*
  duftend 176, 179
  in Gläsern *127*
  hoch 40, *40*, *176*
  konisch 65
  säulenförmig 65, 176
  Votivkerzen 40, 144, *152*
  in Wandleuchtern 140
  Windlichter 44
Kerzenhalter, -leuchter, -ständer 7, 13, *26*, 29, 36, 49, *49*, 54, *54*, 100, *116*, 120, *144*, *166*, 176, *176*
Kerzenlicht 36, 49, 53, 65, 123, 152, 176
Kieselsteine *108*, 183
Kinderfeste 95, *95*, 148
Kissen *44*, *66*, *70*, 104, 110, *110*, 116
Klassischer Stil 46–49
Klassizismus 39
Körbchen für *Amuse-Bouches* 40
Krakoff, Delphine 36, *36*
Krakoff, Reed *16*, 36, *36*, 130
Kräuter *104*, 107, 180
Kronleuchter, Lüster 40, 44, 75, 140, *151*, *176*
Krüge, Kannen *29*, *54*, *58*, *81*, 100, *166*
Küche, Essen in der *20*, 21, *58*
Küchen 107–108
Kunstpapier *148*
Kunststoff 174

Lack *133*
Lampen
  Windlichter 53, 176
  Öllampen 44
Landhausstil 66–75
Larsen-Textilien 46
Laternen 53, 108, 114
»Lazy Susan« (Drehteller) 107, *107*
Linum 66, *66*, *70*, *78*, *134*
Löffel 173, 174, *174*
  aufdecken 18
  Dessertlöffel 18, *57*, 147
  Entwicklung der Form 10
  klein, für Kinder *95*
  Knochen *124*, 125, *173*
  lackiert *166*
  Schildpatt *124*, 125
  Suppenlöffel 18
Lopez, Ebba 66, *66*, 70, *70*, *78*, 88, *88*, *99*, *99*, *134*
Lopez, Kiko 70, *70*
Ludwig XIV. 14
Lunch 86–91
Lüster *siehe Kronleuchter*

Majolika *24*, *58*
Marmor 110, *128*
Marokkanischer Stil 50, 53, *53*, 99, *99*, *170*, *180*
Meeresthema *114*, *183*
Meissener Porzellan *26*, 29, 58, *58*, *60*, *116*
Melt (Schokoladengeschäft in London) 95, 124
Messer 10, 24, 173, *173*, 174, *174*
  Brotmesser 18
  decken 16, 18
  Fischmesser 18, 173
  Gebrauch von Messern in Europa/Amerika 16
  Griffe 174
  klein 18
  mit Elfenbeingriff *49*

mit Porzellangriff 110, *110*
mit Silbergriff 30
Zirkonkeramik *166*
Mexikanischer Stil 50, *50, 120*
Mittagessen (Lunch) 86–91
Monochrome Farbpalette *14,* 34, *35,* 36, *36, 130, 133, 165, 170*
Moroni, Sawaya *26*
Moser *29, 169*
Mulberry *90*
Muscheln *13, 46,* 53, *58,* 60, 70, 99, 113, *114, 146,* 183
Musik 75, 123

Nachmittagstee 92–*95*
Nachtisch 13, *29,* 124, *125,* 147
Nachtisch *siehe Dessert*
Nason, Louise 95, *95,* 124, *124*
Nymphenburger Porzellan *26*

Öllampen 44
Onyx *133*

Papierspitzendeckchen 113
Papierwimpel *50*
Pappmaschee 183
Paravents *46*
Pastetenformen *95*
Pawson, John *16, 81,* 100, *100, 165, 166, 176*
Pellerin, Gilles 76, 87, 90
Pellerin, Marianne *18, 87, 76,* 88, 90, *90, 104,* 107, *108, 156*
Penkridge Ceramics *126*
Pergolas 104, *104, 107*
Perlmutt *133*
Perriand, Charlotte *36*
Pfeffergefäße 114, 147, *183*
Picknicks 116, *116*
Piranesi, Giovanni *46*
Platzgedecke arrangieren 18, *18, 19*
Platzgedecke japanischen Stils 18
Platzkarten 147
Platzsets *siehe Sets*
Pokal(-gläser) 100, 169, 170
geschliffenes Glas *60, 65*
fliederfarben 30, *30*
Weinkelche *170*
Porcelaine Blanche *72, 90*
Porschen, Peggy *146*
Porzellan 29, 30, 70, *82,* 88, 130, *156, 165, 166*
Knochenporzellan (bone china) 84, *84,* 99, 165
mit Lochmuster *29*
modern, blau und weiß *13*
vergoldet 7, *144*
weiß *14, 33,* 133, 139, 166
Price, Alison 114, *114,* 127, *127, 180, 183*
Provenzalischer Stil 66, *66*
Puiforcat *16, 29*

Quartermaine, Carolyn *20,* 43–44, *43, 44, 82,* 83, 107, *134*

Retrostil 62–65
Romantischer Stil 38–45
Römer der Antike 14, 17, 142
Rosen *43, 60,* 66, 70, *140,* 152, *169*
Roxburgh, Johnny 123, 136, *142,* 144, *147*

Saladino, John 39–40, *39, 40,* 110, *110,* 113, *113*
Salzgefäße *58, 114,* 147, *183*
Sammler, Die 58–61
Samt 54
Saw, Benson 84
Schalen/Schüsseln 70, 100, 122
für Beeren *34*
für Blumen *30, 40, 43, 124*
farbig *134*
Frühstück *81,* 83, *84*
Keramik *83,* 180
Reis 18, *19*
Rosen *60*
Saucen 18, *19*
Suppen 18, 24, *166*
Tee 18
vergoldet *43*
weiß *166*
Schokolade *124,* 148
Schouten, Nicolette 30, 72, *72,* 74, *104,* 107, *107*
Schränke *93*
Schwäne aus Meissen-Porzellan *26,* 29
Seide 151, *152*
Senk, Glen 62, *62,* 65, *65, 87, 93,* 99, *173*
Service à la russe 13
Servietten *18, 30,* 40, *75, 78, 114, 139,* 162, *170*
bestickt *161, 162*
Designmix 53
einfarbig *34*
gemustert 162
gestreift *162*
goldfarben *49, 163*
groß 34, *34,* 65, *65, 108,* 162, *162*
Kambodschanisches Halstuch 54, *54*
kariert *26, 70*
kontrastierend zur Tischdecke 83
Leinen *65, 66, 133,* 147
Naturmaterialien 162
mit indianischen Armreifen *17, 161*
Monogramm, mit *162*
Orchideen, dekoriert mit *151*
Viskose 147
Wechsel 147
Serviettenringe *133, 162, 183*
Sets *134, 156,* 162
Bambus 107
mit gebogtem Rand *13, 122*
gewebt 66, 122, 124
grob strukturiert *72, 90, 166*
hölzern 183
in Kontrastfarben 36
künstlerisches Design *7,* 29
Leinen *133*
Leopardenmuster *58*
Naturmaterialien 124
plissiert *96*
rund *34*
Sideboard *siehe Anrichte*
Sirkin Lewis, Sally *14, 21, 122, 133, 165*
Sofas *44*
Speisezimmer 21, *21,* 30, 66, *70, 100, 148,* 156, *176*
Spiegel 54, *148*
Spiro, Rupert *81*
Spode 58
Stäbchen 17, 18, *19, 54, 57*
Stäbchenbänkchen *57*
Staffordshire-Figuren *58*
Steine 53, 70, 108, *123,* 183
Steingut 54, *81,* 88, 165
Stencilmuster *65, 87*
Stickerei 60, *161, 162*
Stil, marokkanischer 50, 53, *53,* 99, *99, 170, 180*
Stil, mexikanischer 50, *50, 120*
Stil, romantischer 38–45
Stocke, Anne *99, 165*
Stokes, Stephanie 54, *54, 158, 166*
Strong, Roy: »Feast« 183
Stühle
mit Armlehnen 14
Arne Jacobsen *24, 33,* 34
mit Einlegearbeiten *17*
Etikette 14
geflochten *75, 158*
gepolstert 30, 104, *133, 158*
mit Hussen *102*
japanisch *116*
Metall *65, 158*
schwarz und weiß *14*
Windsor *65*
Zebralook *21, 122*
zusammenklappbar *104*
Svilar, Goran 26, 29
Swimmingpool 104, 107, *107*

Tabletts *133, 136*
Silber *40*
Tafelservice 24
Tassen
mit Blumen *140*
Kaffeetassen 83
Keramik *83*
Suppentassen *26*
Teetassen 83, 92, *93, 116*
Teekannen *29, 57, 83,* 92, *93, 116*
Teelichter 44, 65, 88, 144, 170, *176*
Teeservice, japanisch *166*
Teller 165
abstraktes Dekor *16*
»Adam und Eva« (Design) *29*
beidseitig verwendbar *16,* 100, *100, 156*
Beilagenteller 18, 24, *70*
Biot, aus *58,* 60
Brotteller 165
Dessertteller 24
dreieckig 165
Frühstücksteller 83, *84*
gemustert 166
Glasteller 70, *70, 162*
mit Goldrand *44,* 49, *49, 162*
handbemalt *58, 165*
»Harlequin sets« 166
Meissner Porzellan *60*
schwedisch *96, 166*
Siebdruckmuster *122*
Silberrand, mit *53*
Speiseteller 24, *29, 139,* 165, *166*
Steingut 88
Keramik 88
viereckig 34, 70, *70, 90, 133,* 165
Wedgwood *46*
weiß *39, 124,* 140
Tellerständer 54, 166
Terrassen *110, 134*
Thanksgiving *siehe Erntedankfest*
Thomas Goode 7, 26, 29, *57,* 136, *166*
Tiffany *166*
Tintenfässchen 127
Tischdecken, -tücher 43, 54, 161
blumenübersät *161*
bodenlang 133
Damast *43,* 60, *60, 130, 161*
Diner, für das 87
Durchbruchstickerei 60, *60,* 88
farbig 47
Fellimitat *144*
fliederfarben *30*
Frühstück *83, 84*
golddurchwirkt *49*
handbemalt *43*
kariert *70, 95*
Papier *95*
plastifiziert *24, 58*
Quilts *39,* 40, 108, *108*
Samt 54
Spitzeneinsätzen, mit 88
Spitze 180
Stoffe 43, 50, 53
weiß 30, 54, 83, 87, *102, 130, 134*
Tische
Acrylglas *14, 21, 122*
Beistelltische *83, 93*
chinesisch 17
dunkel/hell 66
Frühstück *81,* 83
Glas *108,* 133, *133*
hochglanzpoliert (schwarz) *99*
Holz *13, 87, 96, 124,* 156, *158*
Kalkstein und Metall *104,* 107, *107*
klein 17, 20, 21
Küchentisch 21
lang *33,* 34, 72, *75,* 90, *136,* 139
Marmor 110
Metall *104, 158*
niedrig *50, 53*
Perriand-Design 36, *36*
quadratisch 133
Rädern, mit *24*
rechteckig *62,* 147
rund *10,* 40, 60, *104,* 110, *110, 158*
Stahl 139
Stein 110, *110, 170*
verspiegelt *144, 170*
Tischläufer *53,* 70, 88, *88,* 107, *114,* 133, *134,* 161, *161,* 162
Tischmanieren, -gepflogenheiten 14, 16
Tischstile 22–75
förmlich, formell 26–31
international 50–57
klassisch 46–49
Landhausstil 66–75
retro 62–65
romantisch 38–45
eines Sammlers 58–61
Standards des Deckens 24
zeitgenössisch 32–37
Töpfe
Blech 107
mit blühenden Zwiebelpflanzen 140
Terrakotta *104,* 107, 113, *134,* 180
Ton *88*
Tortenständer *65*
Traubenscheren 40
Turner, Nathan 50, *50,* 53, *53,* 108, *120*

Unterdecke *46,* 54, 70
Urnen *50, 120*

van Severen, Maarten *100, 166*
Vasen *7,* 70, 102
Blumenvase 49, 110, *114,* 125, *179,* 180
hoch *134*
kambodschanisch 54, *54*
Minivasen *133,* 180
pyramidenförmig *57*
Verjee, Rumi 7, 26, *26,* 29, 57, *57,* 116, *116,* 136, *136, 158, 169, 183*
Vögel, aus Porzellan/Ton 183
Voon Benson *84*
Vorhänge *20,* 30

Wasserglas/Becher *34, 78, 87,* 99, 110, *170*
Webteppich 83, 116, 156
Wedgwood 139, *139, 140*
Weihrauch 75
When Objects Work *81,* 100
Williams Sonoma 33, 34
Windlichter 53, 176
Wohnzimmer *20,* 21, *93*
Wolfe, Vicente *20,* 102, *102,* 116, *116*
Wolfman, Peri *14, 24,* 33–34, *33, 34,* 108, *108,* 123, *123, 179*
Wong, Voon *17,* 84, 99, *99, 173*

Zangen, hölzern *124*
Zeitgenössischer Stil 32–37
Zinn 10, 165, *166*
Zucker, gesponnen *40, 144, 146*
Zweige 44, 53, 140

Bildnachweis

1 Haus des Chairman von Thomas Goode in London; 2–3 Carolyn Quartermaines Haus in Südfrankreich; 4–5 Haus des Chairman von Thomas Goode in London; 7 Haus des Chairman von Thomas Goode in London; 8–9 Tricia Foleys Haus auf Long Island, Geschirr von Wedgwood; 10 Diane Fisher-Martinsons Haus auf Long Island; 11 John Saladinos Haus in Kalifornien; 12 Meredith Etherington-Smiths Londoner Haus; 13 Glen Senks & Keith Johnsons Wohnung in New York; 14 Sally Sirkin Lewis' Haus in Beverly Hills; 15 Haus von Peri Wolfman & Charles Gold auf Long Island; 16 links Kristof & Stefan Boxys Haus in Gent, Geschirr von John Pawson; 16 rechts Stadthaus der Krakoffs in New York; 17 links Voon Wongs Haus in London; 17 rechts Nathan Turners Wohnung in Beverly Hills; 18 Nicolette Schouten, Designerin, Collection Privée; 19 oben links Nicolette Schouten, Designerin, Collection Privée; 19 oben rechts Gilles Pellerin, Architekt, & Marianne Pellerin, Collection Privée; 19 unten links Voon Wongs Haus in London; 19 unten rechts Haus des Chairman von Thomas Goode in London; 20 oben links Stadthaus der Krakoffs in New York; 20 oben rechts Vicente Wolfs Haus auf Long Island; 20 unten links Carolyn Quartermaines Haus in Südfrankreich; 20 unten rechts Haus des Chairman von Thomas Goode in London; 21 oben Nicolette Schouten, Designerin, Collection Privée; 21 unten Sally Sirkin Lewis' Haus in Beverly Hills; 22–23 Haus von Peri Wolfman & Charles Gold auf Long Island; 25 Meredith Etherington-Smiths Haus in London; 26–29 Haus des Chairman von Thomas Goode in London; 30–31 Nicolette Schouten, Designerin, Collection Privée; 32–35 Haus von Peri Wolfman & Charles Gold auf Long Island; 36–37 Stadthaus der Krakoffs in New York; 38–41 John Saladinos Haus in Kalifornien; 42–45 Carolyn Quartermaines Haus in Südfrankreich; 46–49 Diane Fisher-Martinsons Haus auf Long Island; 50–53 Nathan Turners Wohnung in Beverly Hills; 54–55 Esszimmer designt von Stephanie Stokes Inc, Interior Design; 56–57 Haus des Chairman von Thomas Goode in London; 58–61 Meredith Etherington-Smiths Haus in London; 62–65 Glen Senks & Keith Johnsons Wohnung in New York; 66–71 Ebba Lopez' Haus in Südfrankreich; 72–75 Nicolette Schouten, Designerin, Collection Privée; 76–77 Gilles Pellerin, Architekt, & Marianne Pellerin, Collection Privée; 79 Ebba Lopez' Haus in Südfrankreich; 80 oben links Abigail Aherns Haus in London; 80 oben rechts Vicente Wolfs Haus auf Long Island; 80 unten rechts Kristof & Stefan Boxys Haus in Gent, Geschirr, Besteck, Gläser von John Pawson; 81 Kristof & Stefan Boxys Haus in Gent; 82 Carolyn Quartermaines Haus in Südfrankreich; 83 François Gilles' Haus in London; 84–85 Voon Wongs Haus in London; 86 Glen Senks & Keith Johnsons Wohnung in New York; 87 Gilles Pellerin, Architekt, & Marianne Pellerin, Collection Privée; 88 Ebba Lopez' Haus in Südfrankreich; 88–89 Abigail Aherns Haus in London; 90–91 Gilles Pellerin, Architekt, & Marianne Pellerin, Collection Privée; 92 oben links & unten Tricia Foleys Haus auf Long Island, Geschirr von Wedgwood; 92 oben rechts Glen Senks & Keith Johnsons Wohnung in New York: 93 Tricia Foleys Haus auf Long Island, Geschirr von Wedgwood; 94–95 Haus von Louise Nason (Melt) in London; 96 Haus des Chairman von Thomas Goode in London; 97 Haus in Hampstead; 98 François Gilles' Haus in London; 99 oben Ebba Lopez' Haus in Südfrankreich; 99 unten Voon Wongs Haus in London; 100–101 Kristof & Stefan Boxys Haus in Gent, Geschirr, Besteck und Gläser von John Pawson; 102–103 Vicente Wolfs Haus auf Long Island; 104 oben Diane Fisher-Martinsons Haus auf Long Island; 104 unten Gilles Pellerin, Architekt, & Marianne Pellerin, Collection Privée; 105–107 Nicolette Schouten, Designerin, Collection Privée; 108 Haus von Peri Wolfman & Charles Gold auf Long Island; 109 Gilles Pellerin, Architekt, & Marianne Pellerin, Collection Privée; 110–113 John Saladinos Haus in Kalifornien; 114–115 Alison Prices Haus in London; 116 oben Vicente Wolfs Haus auf Long Island; 116 Mitte & unten Haus des Chairman von Thomas Goode in London; 117 Vicente Wolfs Haus auf Long Island; 118–119 Preston Baileys Wohnung in New York; 121 Nathan Turners Wohnung in Beverly Hills; 122 oben Sally Sirkin Lewis' Haus in Beverly Hills; 122 unten Agnès Emerys Haus in Belgien; 123 Haus von Peri Wolfman & Charles Gold auf Long Island; 124–125 Haus von Louise Nason (Melt) in London; 126–129 Alison Prices Haus in London; 130 Meredith Etherington-Smiths Haus in London; 131 Stadthaus der Krakoffs in New York; 132–133 Sally Sirkin Lewis Haus in Beverly Hills; 134 oben Ebba Lopez' Haus in Südfrankreich; 134 unten Carolyn Quartermaines Haus in Südfrankreich; 135 Ebba Lopez' Haus in Südfrankreich; 136 Nathan Turners Wohnung in Beverly Hills; 137 Haus des Chairman von Thomas Goode in London; 138–141 Tricia Foleys Haus auf Long Island, Geschirr von Wedgwood; 142 Agnès Emerys Haus in Belgien; 143 © David Clerihew/Tischdesign The Admirable Crichton; 144–147 Tisch gedeckt von Johnny Roxburgh, The Admirable Crichton, in Chiswick House, Küchenchefin Rolline Frewen, Kuchen Peggy Porschen; 148–149 Agnès Emerys Haus in Belgien; 150–153 Preston Baileys Wohnung in New York; 154–155 Diane Fisher-Martinsons Haus auf Long Island; 157 Gilles Pellerin, Architekt, & Marianne Pellerin, Collection Privée; 158 oben Haus des Chairman von Thomas Goode in London; 158 Mitte Esszimmer designt von Stephanie Stokes Inc, Interior Design; 158 unten Haus in Hampstead; 159 Nicolette Schouten, Designerin, Collection Privée; 160 Nathan Turners Wohnung in Beverly Hills; 161 oben Gilles Pellerin, Architekt, & Marianne Pellerin, Collection Privée; 161 Mitte Ebba Lopez' Haus in Südfrankreich; 161 unten Carolyn Quartermaines Haus in Südfrankreich; 162 oben Diane Fisher-Martinsons Haus auf Long Island; 162 unten Ebba Lopez' Haus in Südfrankreich; 163 oben links & unten rechts Diane Fisher-Martinsons Haus auf Long Island; 163 oben rechts Ebba Lopez' Haus in Südfrankreich; 163 unten links Haus des Chairman von Thomas Goode in London; 164 Sally Sirkin Lewis' Haus in Beverly Hills; 165 oben François Gilles' Haus in London; 165 Mitte Kristof & Stefan Boxys Haus in Gent, mit Geschirr, Besteck und Gläsern von John Pawson; 165 unten Diane Fisher-Martinsons Haus auf Long Island; 166 oben Esszimmer designt von Stephanie Stokes Inc, Interior Design; 166 unten Kristof & Stefan Boxys Haus in Gent, mit Besteck von Maarten van Severen, Geschirr von John Pawson; 167 oben links & unten rechts Haus des Chairman von Thomas Goode in London; 167 oben rechts Tricia Foleys Haus auf Long Island, Geschirr von Wedgwood; 167 unten links Haus in Hampstead; 168 Haus des Chairman von Thomas Goode in London; 169 oben Glen Senks & Keith Johnsons Wohnung in New York; 169 Mitte Diane Fisher-Martinsons Haus auf Long Island; 169 unten Meredith Etherington-Smiths Haus in London; 170 oben Tricia Foleys Haus auf Long Island, Geschirr von Wedgwood; 170 unten Agnès Emerys Haus in Belgien; 171 oben links John Saladinos Haus in Kalifornien; 171 oben rechts Nicolette Schouten, Designerin, Collection Privée; 171 unten links Tisch gedeckt von Johnny Roxburgh, The Admirable Crichton, in Chiswick House; 171 unten rechts Gilles Pellerin, Architekt, & Marianne Pellerin, Collection Privée; 172 Vicente Wolfs Haus auf Long Island; 173 oben Glen Senks & Keith Johnsons Wohnung in New York; 173 Mitte Haus von Louise Nason (Melt) in London; 173 unten Voon Wongs Haus in London; 174 oben John Saladinos Haus in Kalifornien; 174 unten Haus von Peri Wolfman & Charles Gold auf Long Island; 175 Haus von Peri Wolfman & Charles Gold auf Long Island; 176 oben Kristof & Stefan Boxys Haus in Gent; 176 Mitte Nicolette Schouten, Designerin, Collection Privée; 176 unten François Gilles' Haus in London; 177 Diane Fisher-Martinsons Haus auf Long Island: 178 Haus von Peri Wolfman & Charles Gold auf Long Island; 179 oben Preston Baileys Wohnung in New York; 179 Mitte Gilles Pellerin, Architekt, & Marianne Pellerin, Collection Privée; 179 unten Tisch gedeckt von Johnny Roxburgh, The Admirable Crichton, in Chiswick House, Kuchen Peggy Porschen; 180 oben Alison Prices Haus in London; 180 unten Nicolette Schouten, Designerin, Collection Privée; 181 Nathan Turners Wohnung in Beverly Hills; 182 Haus des Chairman von Thomas Goode in London; 183 oben Diane Fisher-Martinsons Haus auf Long Island; 183 Mitte Alison Prices Haus in London; 183 unten François Gilles' Haus in London; 184–185 Nicolette Schouten, Designerin, Collection Privée; 189 Kristof & Stefan Boxys Haus in Gent, mit Geschirr, Besteck und Gläsern von John Pawson.

Buchdeckel innen vorne Tisch gedeckt von Johnny Roxburgh, The Admirable Crichton, in Chiswick House, Küchenchefin Rolline Frewen, Kuchen Peggy Porschen, Buchdeckel innen hinten Haus in Hampstead.

Danksagung der Autorin

Als Erstes möchte ich mich ganz herzlich bedanken bei all jenen so großzügigen Menschen – und zwar in den Vereinigten Staaten wie in Europa –, die für die Fotoshootings so individuelle und einzigartige Tische gedeckt haben, für das optimale Bild weder Mühen noch Zeitaufwand gescheut und uns so herzlich willkommen geheißen haben.

Im Produktionsteam danke ich vor allem »Salutiferous« Simon für die wunderbaren Bilder und seine nie versiegende gute Laune, »Generous« Jaqui für die Idee zu dem Buch und dass sie die Produktion ermöglicht hat, »Sagacious« Sian für den reibungslosen Ablauf, »Matchless« Maggie für die erstklassige Herstellungsarbeit und »Notable« Nadine für die Detektivarbeit.